KB217204

말씀과의
친밀한 동행

말씀과의 친밀한 동행

ⓒ 문요한, 2023

초판 1쇄 발행 2023년 11월 15일

지은이   문요한
펴낸이   이기봉
편집   좋은땅 편집팀
펴낸곳   도서출판 좋은땅
주소   서울특별시 마포구 양화로12길 26 지월드빌딩 (서교동 395-7)
전화   02)374-8616~7
팩스   02)374-8614
이메일   gworldbook@naver.com
홈페이지 www.g-world.co.kr

ISBN   979-11-388-2472-9 (03230)

· 가격은 뒤표지에 있습니다.
· 이 책은 저작권법에 의하여 보호를 받는 저작물이므로 무단 전재와 복제를 금합니다.
· 파본은 구입하신 서점에서 교환해 드립니다.

말씀과의 친밀한 동행

A walking with the Word

오직 예수

문요한

문요한 목사의 365 말씀 묵상

삶 속에서 날마다 말씀의 실제를 경험하게 될 것입니다.

좋은땅

추천사

사랑하고 존경하는 문요한 목사님의 매일 묵상집이 출간된 것을 축하드립니다.

목사님께서는 하루도 쉬지 않으시고 묵상 글을 올리셨어요. 목사님의 성실하신 삶에 감동을 받고 있는데요. 한편으로 더욱 감동인 점이 있습니다. 목사님의 성실하신 매일 묵상은 예수님께서 십자가로 성취하신 일들이 무엇인지 날마다 나눠 주신다는 점입니다.

의외로 많은 그리스도인들이 예수님께서 십자가에서 성취하신 일들이 무엇인지 주목하기보다요, 하나님의 영광을 위해서 무언가를 열심히 해내야 한다는 강박에 사로잡혀 있습니다. 결국 신앙생활을 율법주의적으로 경험하다가 지치고요, 교회를 떠나거나 가나안 성도가 되는 모습을 봅니다. 그러다가 이단 사이비에 빠지기도 합니다.

그런데 목사님의 묵상집은 성도가 은혜를 먼저 받고, 받은 은혜가 무엇인지 충분히 깨닫고 감격해야 함을 알려 주십니다. 그 결과 복음적인 순종이 기쁨이 된다는 진리를 나눠 주십니다. 즉, 복음을 그리스도인의 정체성을 중심으로 단단하게 무장하고 내면화할 수 있도록 돕고 계신 묵상이기에 자유함을 느끼도록 돕습니다.

이 묵상집을 통해 부디 예수님께서 나를 위해 성취하신 일들이 무엇인지 감격적으로 재발견하시길 바랍니다. 이 묵상집을 통해 재발견하신 진리를 나 자신의 삶에서 담대하게 누리시기를 소망합니다. 할렐루야~!

조태성 목사
NEW LIFE 새생명교회 담임
《성령님의 임재를 연습하라》 외 11권 집필
갓피플 결혼예비학교 강사
전국 정기집회, 부흥회, 세미나 인도 중

*

카톡~ 카톡~
1년 365일 하루도 빠짐없이 이른 아침에 스마트폰이 울립니다.
하나님의 말씀이 배달된 것입니다.
광야의 이스라엘 백성에게 매일매일 만나가 배달된 것처럼
저에게도 매일매일 영혼의 양식인 하나님의 말씀이 배달됩니다.
그리고 그 양식은 저의 영혼을 살찌우기에 충분한 은혜의 말씀입니다.
매일 배달되던 그 말씀이 이번에 책으로 출판되었습니다.

문요한 목사님과는 같은 노회, 같은 시찰회에서 오랫동안 함께했습니다.
또한 개인적으로도 교제의 시간을 많이 가졌습니다.
목사님에게는 강하고 담대한 믿음이 있습니다.
정직하고 신실함이 있고 무엇보다도 꾸준함이 있습니다.
그래서 배우고 싶은 부분이 참으로 많은 목사님입니다.

365일 말씀 묵상집을 진심으로 추천합니다.

또한 카톡을 통해서도 매일 말씀 배달의 축복을 받으시기를 바랍니다.

저는 매일 아침마다 말씀을 배달받으면서 은혜를 받습니다.

주일에도 공휴일에도 하루도 빠짐없이 배달되는 말씀이 저의 영혼을 살 찌우고 있습니다.

내일의 아침이 기다려집니다. 하나님이 저에게 어떤 말씀을 보내 주실 지….

사랑하고 존경하는 문요한 목사님의 365일 묵상집을 추천하게 됨을 영광스럽게 생각합니다.

사도행전 프로젝트의 김재일 목사

(신안주노회 증경 노회장, 천일교회 담임목사)

*

날마다 하나님 말씀을 생각하고 되새김질할 수 있는 365일 묵상집이 출간된 것은 여간 기쁜 일이 아닙니다. 왜냐면 많은 묵상집에서 찾아볼 수 없는 전혀 차원이 다른 묵상집이기 때문입니다.

문 목사님이 그동안 날마다 보내 주신 하루 묵상은 개인적인 깨달음을 적용하려는 묵상집과 달리 예수 그리스도께서 십자가를 통해 이루신 것에 대한 것들입니다. 내가 누구인지, 어떤 삶을 살아야 하는지, 우리고 그리스도 안에서 어떤 권세가 있는지 등 십자가의 구속으로 인해 일어난 열매들을 나눕니다.

그런 점에서 문 목사님이 묵상은 '내가 왜 이렇게 못하지, 더 노력해야 되는구나'라는 개인적인 성찰의 접근보다는 '맞아! 난 할 수 있어'라는 격려와 용기, 믿음과 소망을 더 얻게 합니다.

특별히 그리스도인의 정체성을 발견하고 세워서, 이 땅에서 예수님처럼 보냄 받은 자의 삶을 살 수 있도록 하는 나눔의 묵상이라고 할 수 있습니다. 그렇기 때문에 문요한 목사님의 묵상은 "내가 노력해서 이루는 삶"이라는 종교적인 방향이 아닌, 주님이 그리스도 안에서 이루신 것을 발견하고 그것이 내 것임을 고백하게 합니다.

문요한 목사님의 묵상집을 통해 그리스도 안에서 우리에게 주신 놀라운 하늘의 신령한 복이 무엇인지 발견하고 그것을 누리시는 일이 날마다 일어나길 기대해 봅니다.

양봉식 목사
하늘의기쁨교회, 교회와신앙 사장

서 문

할렐루야!!
하나님의 말씀을 찬양합니다.

우리가 지금 읽고 있는 성경 말씀은 사람의 말이 아닙니다. 사람들이 기록하였지만 사람의 글이 아니라 하나님의 말씀입니다.
왜냐하면 하나님의 감동으로 쓴 글이기 때문입니다.

히4:12 하나님의 말씀은 살아 있고 활력이 있어 좌우에 날 선 어떤 검보다도 예리하여 혼과 영과 및 관절과 골수를 찔러 쪼개기까지 하며 또 마음의 생각과 뜻을 판단하나니

성경은 지금도 살아 역사하는 하나님의 말씀입니다. 그래서 성경을 읽는 자들에게는 변화가 일어납니다. 많은 불신자들이 성경을 읽다가 변화되고 예수님을 믿는 일들이 일어났습니다. 또, 하나님의 말씀은 영의 양식입니다.

벧전2:2 갓난아기들같이 순전하고 신령한 젖을 사모하라 이는 그로 말미암아 너희로 구원에 이르도록 자라게 하려 함이라

우리의 몸이 밥을 먹어야 살 수 있듯이 우리의 영도 하나님의 말씀을 먹어야 살 수 있습니다.

우리가 매일매일 육의 양식을 먹듯 우리의 영을 위해서도 매일매일 말씀을 먹어야 합니다. 우리가 매일매일 영의 양식인 말씀을 먹을 때 우리의 영은 강건해져서 영적 싸움에 승리자가 될 것입니다.

이 책은 아침마다 묵상한 것을 지인들과 나누다가 지인들의 권고로 더 많은 사람들에게 나누기 위해 한 해 동안 묵상한 것을 편집한 것입니다. 짧은 글이지만 아침마다 묵상하며 하루를 시작한다면 당신의 영이 살찌고 부유해질 것입니다.

말씀은 읽기만 해도 복이 됩니다!! 이 책을 당신이 읽을 때 성령님께서 당신에게 하나님의 은혜와 예수 그리스도의 크신 사랑을 더 깊이 알게 하시고 누리게 해 주시기를 기도합니다.

마지막으로 이 책이 나오는 데 힘을 써 준 친구 김원중, 조세욱 장로와 친구들 그리고 아침마다 내 글을 읽으며 격려와 힘을 실어 준 윤시영 목사, 늘 부족한 종을 위해 기도해 주시는 선한 목자교회 성도들, 그리고 늘 내 곁에서 힘이 되어 주고 기도해 주는 사랑하는 아내 변미라에게 감사를 전합니다.

요1:1 태초에 말씀이 계시니라 이 말씀이 하나님과 함께 계셨으니 이 말씀은 곧 하나님이시니라

말씀이 하나님이십니다!!

2023년 6월 2일
선한목자교회 문요한 목사

1월

(요한계시록 22장)

13 나는 알파와 오메가요

처음과 마지막이요 시작과 마침이라

1월 1일

(요한계시록 22장)
13 나는 알파와 오메가요 처음과 마지막이요 시작과 마침이라

새해가 밝았습니다.

한 해를 마치게 하신 주님께서 또 우리에게 한 해를 시작하게 하셨습니다. 여전히 코로나19로 힘든 상황이지만 시작이 있으면 끝이 있듯이 코로나19도 끝이 올 것입니다.

올 한 해 소원을 이루고 행복하기를 원하십니까?
그렇다면 그 무엇보다 하나님을 기뻐하며 살아가십시오.

시37:4 또 여호와를 기뻐하라 그가 네 마음의 소원을 네게 이루어 주시리로다

당신이 하나님과의 친밀한 교제 가운데 하나님을 기뻐하며 믿음으로 인생길을 걸어간다면 하나님의 복을 풍성하게 누리는 복된 한 해를 살게 될 것입니다.

새해 복 많이 누리십시오.

오직 예수!!

1월 2일

(시편 16편)
8 내가 여호와를 항상 내 앞에 모심이여 그가 나의 오른쪽에 계시므로 내가 흔들리지 아니하리로다

올 한 해 어떤 상황에도 요동치 않는 삶을 살기 원하십니까?
그렇다면 하나님을 항상 당신 앞에 모시고 사십시오.

다윗은 부귀영화를 소유한 왕이었지만 다른 어떤 것보다 하나님께 마음을 드리고 살았습니다. 그는 하나님만이 자신의 행복임을 깨달은 것입니다.

시16:2 내가 여호와께 아뢰되 주는 나의 주님이시오니 주밖에는 나의 복이 없다 하였나이다

당신에게도 하나님만이 행복이십니까?

올 한 해 하나님을 항상 내 앞에 모시고 살기를 결단하십시오.
이 땅에서 영육이 강건하고 형통한 삶을 살게 될 것입니다.

당신은 하나님을 아버지로 모시고 사는 자입니다.

오직 예수!!

1월 3일

(시편 13편)
6 내가 여호와를 찬송하리니 이는 주께서 내게 은덕을 베푸심이로다

우리가 하나님을 찬송해야 하는 것은 하나님께서 우리에게 하늘과 땅의 모든 복을 주셨기 때문입니다.

사실 성도가 하나님께 드리는 최고의 경배는 감사 찬송입니다.
찬송은 하나님의 손을 움직이게 합니다.

그래서 우리가 찬송할 때 기적이 일어납니다.
어떤 분은 찬송하다가 폐병이 나았습니다.
어떤 분은 찬송을 통해 옥문을 열었습니다.
어떤 분은 찬송을 통해 적을 물리쳤습니다.

행16:25 한밤중에 바울과 실라가 기도하고 하나님을 찬송하매 죄수들이 듣더라 26 이에 갑자기 큰 지진이 나서 옥터가 움직이고 문이 곧 다 열리며 모든 사람의 매인 것이 다 벗어진지라

찬송이 당신의 삶의 일상이 되게 하십시오. 은혜 위에 은혜의 삶을 살게 될 것입니다.

오직 예수!!

1월 4일

(에베소서 1장)
19 그의 힘의 위력으로 역사하심을 따라 믿는 우리에게 베푸신 능력의
지극히 크심이 어떠한 것을 너희로 알게 하시기를 구하노라

새해가 되면 소원 중의 하나가 능력을 받는 것일 것입니다.
그런데 성경은 우리에게 이미 능력이 있음을 가르쳐 주십니다.

당신은 당신 안에 하나님의 능력이 부어져 있음을 아십니까?
그 능력은 그리스도를 죽은 자 가운데서 살리신 능력입니다.

엡1:20 그의 능력이 그리스도 안에서 역사하사 죽은 자들 가운데서 다
시 살리시고 하늘에서 자기의 오른편에 앉히사

그러므로 우리의 기도가 바뀌어야 합니다.

우리의 기도는 내게 주신 능력의 지극히 크심이 어떠한지를 알게 해 달라
는 것이 되어야 합니다.

당신은 이미 능력을 소유한 자입니다. 이제 이것을 알고 믿고 누리는 자
가 되십시오.

오직 예수!!

1월 5일

(창세기 39장)
2 여호와께서 요셉과 함께하시므로 그가 형통한 자가 되어 그의 주인 애굽 사람의 집에 있으니

요셉은 애굽의 노예로 팔렸지만 하나님이 함께하심으로 형통한 자가 되어 결국은 애굽의 총리가 되고 자신들의 가족을 구원합니다.

요셉은 하나님이 함께하심을 믿을 뿐 아니라 하나님을 의식하며 살았습니다. 보디발의 아내의 유혹에 믿음으로 반응한 그의 태도를 통해 우리는 그가 하나님을 의식하며 살아왔음을 알게 됩니다.

창39:9 이 집에는 나보다 큰 이가 없으며 주인이 아무것도 내게 금하지 아니하였어도 금한 것은 당신뿐이니 당신은 그의 아내임이라 그런즉 내가 어찌 이 큰 악을 행하여 하나님께 죄를 지으리이까

하나님이 당신과 함께하심을 믿고 인정하십시오. 당신은 하나님의 함께하심을 누리고 그로 인해 범사에 형통한 삶을 살게 될 것입니다. 당신은 형통한 자입니다.

오직 예수!!

1월 6일

(창세기 45장)
7 하나님이 큰 구원으로 당신들의 생명을 보존하고 당신들의 후손을 세상에 두시려고 나를 당신들보다 먼저 보내셨나니

요셉이 형들에게 미움을 받아 애굽의 노예로 팔릴 때 '하나님이 나를 애굽에 보내시는구나'라고 처음부터 깨달은 것은 아닙니다. 그 시점이 정확히 언제인지 모르지만 지금 요셉은 하나님의 뜻을 깨달았고 그 결과 형들을 용서하는 성숙한 자가 되었습니다. 요셉이 하나님의 복을 받고 누리게 된 것은 어디에 있든지 하나님 앞에서 성실히 살았기 때문입니다.

시37:3 여호와를 의뢰하고 선을 행하라 땅에 머무는 동안 그의 성실을 먹을거리로 삼을지어다

지금의 상황이 힘들고 어려워도 낙심하거나 절망하지 마십시오. 당신을 향한 하나님의 계획이 있음을 믿으시고 매 순간 하나님 앞에서 성실히 살아가십시오. 당신을 향한 하나님의 계획이 이루어지는 것을 보게 될 것입니다. 하나님의 마음을 품은 성숙한 자가 될 것입니다.

오직 예수!!

1월 7일

(히브리서 10장)
10 이 뜻을 따라 예수 그리스도의 몸을 단번에 드리심으로 말미암아 우리가 거룩함을 얻었노라

예수님께서 십자가에서 죽으심으로 우리가 거룩함을 얻었습니다. 예수께서 우리의 모든 죄를 도말하셨기 때문입니다.

당신은 그리스도 안에서 거룩합니다. 이것이 당신의 정체성입니다. 이제는 죄짓는 것보다 거룩하게 사는 것을 더 좋아하는 자가 되었습니다. 이것이 당신의 본성입니다.

엡4:22 너희는 유혹의 욕심을 따라 썩어져 가는 구습을 따르는 옛사람을 벗어 버리고 23 오직 너희의 심령이 새롭게 되어 24 하나님을 따라 의와 진리의 거룩함으로 지으심을 받은 새사람을 입으라

옛사람을 벗어 버리고 새사람의 본성으로 살아가기를 훈련하십시오.

이것을 위해 말씀으로 당신의 생각을 날마다 새롭게 하십시오.
당신은 거룩함의 열매를 맺으며 살게 될 것입니다.

오직 예수!!

1월 8일

(출애굽기 19장)
4 내가 애굽 사람에게 어떻게 행하였음과 내가 어떻게 독수리 날개로 너희를 업어 내게로 인도하였음을 너희가 보았느니라

하나님이 이스라엘을 애굽에서 건져 내어 가나안이 아니라 당신에게로 인도하셨다는 말씀에 주목하십시오.

이스라엘을 향한 하나님의 마음은 그들과 함께 사는 것이었습니다. 그러나 이스라엘은 하나님의 마음을 모르고 가나안 땅에 빠져 결국 하나님과 멀어졌습니다.

예수님이 우리를 위해 죽으신 목적도 우리와 함께 살기 위함입니다.

살전5:10 예수께서 우리를 위하여 죽으사 우리로 하여금 깨어 있든지 자든지 자기와 함께 살게 하려 하셨느니라

이스라엘이 범한 우를 범하지 않도록 주 예수님과의 친밀함에 집중하십시오. 그리스도 안에서 주님이 이루신 것들을 누리는 삶을 살게 될 것입니다.

오직 예수!!

1월 9일

(고린도후서 5장)
17 그런즉 누구든지 그리스도 안에 있으면 새로운 피조물이라 이전 것은 지나갔으니 보라 새것이 되었도다

인생을 살면서 우리가 마음에 깊이 새겨야 할 것은 나의 정체성입니다. 내가 그리스도 안에서 누구인가를 바로 아는 것입니다.

당신이 예수를 믿고 하나님으로부터 다시 태어났다면 당신은 새로운 존재입니다. 당신의 옛사람은 죽었습니다. 이제 당신은 새로운 본성을 가진 새사람이 된 것입니다.

하나님이 당신을 보시듯 당신도 자신을 바라보십시오.

롬12:2 너희는 이 세대를 본받지 말고 오직 마음을 새롭게 함으로 변화를 받아 하나님의 선하시고 기뻐하시고 온전하신 뜻이 무엇인지 분별하도록 하라

날마다 말씀으로 당신의 생각을 새롭게 하는 것이 큰 도움이 될 것입니다. 당신은 그리스도 예수 안에 있는 보배롭고 존귀한 하나님의 자녀입니다.

오직 예수!!

1월 10일

(출애굽기 33장)
11 사람이 자기의 친구와 이야기함같이 여호와께서는 모세와 대면하여 말씀하시며 모세는 진으로 돌아오나 눈의 아들 젊은 수종자 여호수아는 회막을 떠나지 아니하니라

하나님이 쓰시는 사람들의 특징은 그들이 하나님과 친밀한 관계 가운데 있다는 것입니다. 모세는 하나님과 친구처럼 대면하여 이야기한 사람이었습니다. 여호수아는 모세를 이은 이스라엘의 지도자입니다. 그가 모세를 이어 지도자로 뽑힌 이유 중의 하나가 오늘의 본문 속에 있습니다.

"여호수아는 회막을 떠나지 아니하니라"

이 말은 그가 하나님과 함께 오랜 시간을 보냈다는 것입니다.

히4:16 그러므로 우리는 긍휼하심을 받고 때를 따라 돕는 은혜를 얻기 위하여 은혜의 보좌 앞에 담대히 나아갈 것이니라

당신도 은혜의 보좌 앞으로 나아가 날마다 하나님과 교통하는 삶을 사십시오. 하나님의 귀한 통로로 쓰임 받게 될 것입니다.

오직 예수!!

1월 11일

(요한복음 17장)
23 곧 내가 그들 안에 있고 아버지께서 내 안에 계시어 그들로 온전함을 이루어 하나가 되게 하려 함은 아버지께서 나를 보내신 것과 또 나를 사랑하심같이 그들도 사랑하신 것을 세상으로 알게 하려 함이로소이다

하나님이 당신을 보시듯 당신도 자신을 볼 수 있어야 합니다.
하나님은 예수님을 사랑하시며 기뻐하십니다.

마3:17 하늘로부터 소리가 있어 말씀하시되 이는 내 사랑하는 아들이요 내 기뻐하는 자라 하시니라

하나님은 똑같이 당신도 사랑하시며 기뻐하십니다. 하나님이 예수님을 사랑하는 것과 똑같이 당신을 사랑하시고 기뻐하신다는 것을 믿으십시오.

예수님의 정체성이 당신의 정체성입니다. 하나님이 예수님을 사랑하시고 기뻐하신 것처럼 당신도 그렇게 자신을 사랑하며 기뻐하십시오.

예수님의 생명을 나타내는 자가 될 것입니다.

오직 예수!!

1월 12일

(에베소서 5장)
1 그러므로 사랑을 받는 자녀같이 너희는 하나님을 본받는 자가 되고

당신을 너무나 사랑하시는 하나님의 사랑을 알고 누리고 계십니까? 그렇다면 하나님을 본받는 자의 삶을 살아가십시오. 우리는 하나님의 생명으로 새롭게 태어난 하나님의 자녀들입니다.

자녀가 부모를 닮았듯이 우리는 하나님을 닮은 자입니다.
하나님은 사랑이십니다. 그러므로 당신도 사랑입니다.

엡5:2 그리스도께서 너희를 사랑하신 것같이 너희도 사랑 가운데서 행하라 그는 우리를 위하여 자신을 버리사 향기로운 제물과 희생 제물로 하나님께 드리셨느니라

그리스도처럼 사랑하며 사십시오. 그것이 하나님을 본받는 자의 삶입니다.
당신은 남을 미워하는 것보다 사랑하는 것을 더 좋아하는 사람입니다.

당신은 사랑입니다.

오직 예수!!

1월 13일

(베드로전서 2장)
24 친히 나무에 달려 그 몸으로 우리 죄를 담당하셨으니 이는 우리로 죄에 대하여 죽고 의에 대하여 살게 하려 하심이라 그가 채찍에 맞음으로 너희는 나음을 얻었나니

십자가 복음의 핵심은 주님이 다 이루셨다는 것입니다. 치유의 예를 들어 보면 우리는 이미 치유받은 자라는 것입니다. 그런데 우리들은 자신을 치유받은 자가 아니라 치유받으려는 병든 자로 보고 있다는 것입니다. 우리는 자신이 치유받았다는 것을 믿고 이 진리를 지키기 위해 적과 싸워야 합니다.

당신은 이렇게 고백해야 합니다.

하나님께서는 나를 이미 치유하셨다. 예수님이 채찍을 맞으심으로 나는 나음을 입었다. 나는 신성한 건강을 누리는 자이다.

당신은 이미 치유받은 자입니다. 치유받기 위해 싸우지 말고 치유를 받은 자로 당신의 건강한 모습을 성령 안에서 상상하며 믿음으로 선포하십시오.

치유는 당신의 것입니다.

오직 예수!!

24

1월 14일

(창세기 29장)
20 야곱이 라헬을 위하여 칠 년 동안 라반을 섬겼으나 그를 사랑하는 까닭에 칠 년을 며칠같이 여겼더라

야곱이 라헬을 아내로 얻기 위해서 7년을 봉사하였는데 라헬을 사랑하였기에 7년이 며칠같이 지나갔다고 고백합니다.

이것이 사랑의 힘입니다.

혹시 삶에 지치셨습니까? 혹시 힘든 일이 당신의 마음을 낙심케 합니까? 다른 것에 마음 쓰지 말고 주님께로 달려가 그분의 품에 안겨 사랑을 느껴 보십시오.

요15:9 아버지께서 나를 사랑하신 것같이 나도 너희를 사랑하였으니 나의 사랑 안에 거하라

당신 안에 새 힘을 얻게 될 것입니다. 용기가 생길 것입니다.
주님이 사랑스런 눈으로 당신을 바라보고 계십니다.

당신은 하나님의 사랑받는 자녀입니다.

오직 예수!!

1월 15일

(마태복음 5장)
48 그러므로 하늘에 계신 너희 아버지의 온전하심과 같이 너희도 온전하라

하나님 아버지같이 온전하라 하십니다. 인간들이 생각하는 완벽한 인간이 되라는 말이 아닙니다. 하나님을 본받아 하나님 자녀답게 살라는 것입니다.

하나님 자녀답게 사는 것은 곧 예수님처럼 사는 것입니다.
예수님처럼 사는 것은 당신 안에 살아 계신 예수님이 당신을 통해 나타나게 하는 것입니다.

빌1:21 이는 내게 사는 것이 그리스도니 죽는 것도 유익함이라

'나는 죽고 그리스도가 사는 삶' 이것이 하나님이 원하는 온전한 삶입니다. 날마다 자신을 포기하고 예수 그리스도가 당신을 통해 사시도록 자신을 주님께 드리십시오. 당신을 통해 주님의 성품이 능력이 나타나게 될 것입니다.

나는 없습니다. 주님이십니다.

오직 예수!!

1월 16일

(요한복음 13장)
34 새 계명을 너희에게 주노니 서로 사랑하라 내가 너희를 사랑한 것 같이 너희도 서로 사랑하라 35 너희가 서로 사랑하면 이로써 모든 사람이 너희가 내 제자인 줄 알리라

예수님을 믿고 따르는 사람들은 많지만 예수님이 인정하는 제자들은 많지 않은 것 같습니다.

주를 위해서 열심히 사역하는 것이 중요하지만 더 중요한 것은 주님의 마음을 알고 그 마음을 따라 사는 것입니다.

예수님이 우리에게 원하시는 것은 서로 사랑하는 것입니다.
사랑이 식어져 가는 이 시대에 우리는 사랑을 행하여 사람들에게 예수님의 제자다움을 보여 주어야 합니다.

기억하십시오.
예수님의 참된 제자는 모든 일을 사랑으로 행하는 자입니다.

오직 예수!!

1월 17일

(요한복음 13장)
1 유월절 전에 예수께서 자기가 세상을 떠나 아버지께로 돌아가실 때가 이른 줄 아시고 세상에 있는 자기 사람들을 사랑하시되 끝까지 사랑하시니라

올해도 돈과 건강 그리고 인간관계의 영역에서 발생하는 문제들이 당신을 낙심케 하고 두렵게 할 수 있습니다. 그러나 당신이 주님의 사랑에 뿌리를 깊이 박는다면 문제는 더 이상 문제가 아닐 것입니다.

엡3:17 믿음으로 말미암아 그리스도께서 너희 마음에 계시게 하시옵고 너희가 사랑 가운데서 뿌리가 박히고 터가 굳어져서

주님의 사랑이 그 문제를 초월하여 당신의 마음에 평안을 부어 주실 것이기 때문입니다.

천지는 변해도 당신을 향한 그리스도의 사랑은 변하지 않음을 믿으십시오.

주님의 사랑스런 품에 안겨 안식하십시오.
당신은 사랑받는 그리스도의 신부입니다.

오직 예수!!

1월 18일

(시편 25편)
14 여호와의 친밀하심이 그를 경외하는 자들에게 있음이여 그의 언약을 그들에게 보이시리로다

성경은 우리에게 하나님을 경외하라 명령하십니다.

시34:9 너희 성도들아 여호와를 경외하라 그를 경외하는 자에게는 부족함이 없도다

하나님을 경외하는 것이 왜 중요합니까?
하나님을 경외하는 자가 신앙의 핵심인 하나님과의 친밀함을 누리기 때문입니다.

사랑의 하나님과 친구처럼 연인처럼 가족처럼 함께 산다면 얼마나 행복할까요?
하나님께서 당신의 자녀들과 이렇게 살고 싶기에 우리에게 경외를 원하는 것입니다. 하나님을 경외하는 자가 되기를 사모하십시오. 주님의 은혜가 당신을 그렇게 만들어 주실 것입니다.

주님이 전부이십니다.

오직 예수!!

1월 19일

(시편 34편)
9 너희 성도들아 여호와를 경외하라 그를 경외하는 자에게는 부족함이 없도다

하나님의 자녀는 부족함이 없는 인생을 살 수 있습니다.
특별히 가뭄의 때에도 모든 좋은 것에 부족함이 없는 삶을 살 수 있습니다.

당신은 지금 부족함이 없으십니까? 그렇지 않다면 그 이유가 무엇입니까? 자녀가 부족함을 느낀다면 하나님 아버지와의 관계에 문제가 있기 때문입니다.

자녀의 안정감과 행복은 아버지의 사랑 안에 거하는 것입니다. 하나님을 존중하고 하나님과 친밀한 관계 가운데 살아가십시오.

시23:1 여호와는 나의 목자시니 내게 부족함이 없으리로다

"나는 부족함이 없습니다."라고 고백하게 될 것입니다.

주님 한 분으로 충분합니다.

오직 예수!!

1월 20일

(신명기 33장)
29 이스라엘이여 너는 행복한 사람이로다 여호와의 구원을 너같이 얻은 백성이 누구냐 그는 너를 돕는 방패시요 네 영광의 칼이시로다 네 대적이 네게 복종하리니 네가 그들의 높은 곳을 밟으리로다

당신은 행복한 사람입니다. 왜냐하면 십자가의 주님의 희생으로 구원을 받은 자요, 성령님의 보호와 사랑 속에 살아가는 하나님의 영광스런 자녀이기 때문입니다.

어쩌면 지금 당신의 생각과 감정이 행복하지 않다고 느낄 수 있지만 속지 마십시오. 행복감을 느끼지 못하는 생각과 감정은 진정한 당신이 아닙니다. 당신은 행복한 사람이라고 선포하시는 하나님의 말씀을 믿으십시오. 당신의 정체성은 행복한 사람입니다.

이제 날마다 "나는 행복합니다."라고 말하십시오. 생각도 감정도 당신을 따라 행복감을 느끼게 될 것입니다.

당신은 행복한 사람입니다.

오직 예수!!

1월 21일

(여호수아 1장)
5 네 평생에 너를 능히 대적할 자가 없으리니 내가 모세와 함께 있었던 것같이 너와 함께 있을 것임이니라 내가 너를 떠나지 아니하며 버리지 아니하리니

여호수아는 이스라엘 백성들과 함께 가나안 땅을 정복해야 할 중요한 사명을 부여받았습니다.

무시무시한 적들과의 전쟁을 앞둔 여호수아의 마음이 얼마나 긴장이 되고 두렵겠습니까?

그런 마음을 알기에 하나님께서 다음과 같이 말씀하십니다.

"내가 너와 함께하니 네 평생에 너를 이길 자가 없을 것이다. 그러니 두려워하지 말고 강하고 담대하라"

이 음성이 당신에게도 주어진 하나님의 약속임을 믿으십시오.
당신은 세상이 감당치 못할 하나님의 믿음을 가진 자입니다.

하나님과의 친밀함을 추구하며 강하고 담대하십시오.
당신이 밟는 땅마다 하나님의 나라가 세워질 것입니다.

오직 예수!!

1월 22일

(빌립보서 3장)
8 또한 모든 것을 해로 여김은 내 주 그리스도 예수를 아는 지식이 가장 고상하기 때문이라 내가 그를 위하여 모든 것을 잃어버리고 배설물로 여김은 그리스도를 얻고

세상 것을 다 가져도 주 예수님을 잃으면 다 잃는 것이요,
반대로 세상 것을 다 잃어도 주 예수님을 얻으면 모든 것을 얻는 것입니다.

예수 그리스도는 당신이 모든 것을 투자하여 꼭 얻어야 할 가장 가치 있는 분이십니다. 사도바울은 예수님을 얻기 위해서 모든 것을 배설물로 여긴다고 고백하고 있습니다.

당신은 어떻습니까? 그리스도를 얻으셨습니까?
그렇다면 이제 그분을 잃지 않도록 조심하십시오. 당신의 마음의 시선이 그리스도가 아닌 다른 것에 빠지지 않도록 주의하십시오. 이 세상에 주 예수보다 더 귀한 것은 없습니다.

예수님이 전부이십니다.

오직 예수!!

1월 23일

(에베소서 2장)
6 또 함께 일으키사 그리스도 예수 안에서 함께 하늘에 앉히시니

당신은 하나님의 생명으로 새롭게 태어나 그리스도 예수 안에 있는 하나님의 자녀입니다. 그리스도 예수 안에 있기에 예수님과 당신은 하나입니다. 이제 당신은 주님이 계신 곳에 있고 주님이 가신 곳에 함께 가는 자입니다.

당신은 지금 그리스도와 함께 하나님 보좌 우편에 앉아 있습니다. 주님과 함께 하늘에 앉은 자의 삶을 사십시오. 예수님의 능력과 사랑이 당신을 통하여 흘러갈 것입니다.

요15:4 내 안에 거하라 나도 너희 안에 거하리라 가지가 포도나무에 붙어 있지 아니하면 스스로 열매를 맺을 수 없음같이 너희도 내 안에 있지 아니하면 그러하리라

무엇보다 그리스도 밖으로 나가지 마시고 늘 그리스도 예수 안에 거하는 삶을 살아가십시오. 당신은 예수님처럼 살게 될 것입니다.

오직 예수!!

1월 24일

(사사기 21장)
25 그때에 이스라엘에 왕이 없으므로 사람이 각기 자기의 소견에 옳은 대로 행하였더라

이스라엘이 사사시대를 맞이한 것은 왕이신 하나님을 버리고 자기들 마음대로 살았기 때문입니다.

예수님을 믿어도 죄 가운데 빠지고 헤매는 것은 예수님을 왕으로 인정하지 않고 자기 뜻대로 살기 때문입니다.

당신의 왕은 누구입니까? 자신입니까? 주님입니까?
당신의 삶의 열매가 그것에 대한 답을 줄 것입니다.

잠3:6 너는 범사에 그를 인정하라 그리하면 네 길을 지도하시리라

당신 안에 계시는 주님을 왕으로 인정하고 그분의 음성을 따라 매일매일 살아가십시오. 왕 되신 주님의 능력과 성품을 나타내는 삶을 살게 될 것입니다. 예수님이 당신의 왕이십니다.

오직 예수!!

1월 25일

(사무엘상 3장)
19 사무엘이 자라매 여호와께서 그와 함께 계셔서 그의 말이 하나도 땅에 떨어지지 않게 하시니

사무엘의 뛰어남은 그의 능력에 있는 것이 아니라 하나님의 함께하심에 있음을 기억하십시오.
사무엘의 말이 하나도 땅에 떨어지지 않게 된 것은 하나님이 그의 입에 말씀을 주셨기 때문입니다.

그리스도인의 힘과 자신감은 어디에서 옵니까? 하나님의 함께하심입니다.
당신의 열악한 환경과 자신의 부족함 때문에 낙심하거나 좌절하지 말고 당신과 함께하시는 하나님께 집중하십시오.

사41:10 두려워하지 말라 내가 너와 함께함이라 놀라지 말라 나는 네 하나님이 됨이라 내가 너를 굳세게 하리라 참으로 너를 도와주리라 참으로 나의 의로운 오른손으로 너를 붙들리라

당신이 영적으로 성장할수록 하나님의 함께하심이 더 믿어질 것입니다. 더 나아가 하나님이 당신과 함께하심을 사람들이 보게 되고 알게 될 것입니다.

오직 예수!!

1월 26일

(시편 119편)
97 내가 주의 법을 어찌 그리 사랑하는지요 내가 그것을 종일 작은 소리로 읊조리나이다

하나님의 말씀 위에 굳게 서십시오. 우리의 견고한 터는 하나님의 말씀입니다. 하나님을 사랑하는 것은 곧 말씀을 사랑하는 것입니다. 말씀이 곧 하나님이시기 때문입니다.

요1:1 태초에 말씀이 계시니라 이 말씀이 하나님과 함께 계셨으니 이 말씀은 곧 하나님이시니라

형통한 인생을 살기 원하십니까?
주님의 말씀을 사랑하여 주야로 묵상하십시오. 말씀이 당신의 생각과 말을 지배하도록 하십시오.

하나님의 뜻을 분별하여 세상 속에서 주의 영광을 나타내는 자가 될 것입니다.

당신은 말씀을 가진 자입니다.

오직 예수!!

1월 27일

(창세기 1장)
1 태초에 하나님이 천지를 창조하시니라

하나님이 천지를 창조하셨다는 것을 믿습니까?

어떤 목사님이 창세기 1장 1절이 믿어지지 않아서 21일 작정하며 기도하였다는 간증을 들었습니다. 하나님의 천지창조가 믿어지니까 다른 모든 말씀들이 믿어졌다고 고백하였습니다.

우리는 스스로에게 정직해야 합니다. 믿어지지 않는데 믿는 척하면 안됩니다.

혹시 말씀이 잘 믿어지지 않으면 낙심하지 말고 하나님께 믿음을 달라고 구하십시오.

말씀이 믿어지고 그로 인해 말씀의 저자이신 하나님을 더 깊이 알고 경험하게 될 것입니다.

당신은 하나님의 믿음을 가진 자입니다.

오직 예수!!

1월 28일

(시편 34편)
3 나와 함께 여호와를 광대하시다 하며 함께 그의 이름을 높이세

하나님은 광대하십니다.
돈과 건강 그리고 인간관계에서 발생하는 문제에 대한 우리의 태도를 보면 그 사람의 영적 상태를 짐작할 수 있습니다.

문제 앞에 낙심하고 불안해한다면 당신의 믿음이 제대로 발휘되지 않고 있다는 증거입니다.

롬10:17 그러므로 믿음은 들음에서 나며 들음은 그리스도의 말씀으로 말미암았느니라

하나님의 말씀을 주야로 묵상함으로 당신의 믿음을 강화시키십시오. 하나님이 당신의 문제보다 훨씬 더 크게 느껴질 때까지 말씀을 묵상하고 또 묵상하십시오. 하나님의 광대하심이 믿어진다면 이제 당신의 문제는 아무것도 아닙니다.

하나님은 세상 어떤 것보다 크신 분이십니다.

오직 예수!!

1월 29일

(에스겔 3장)
3 내게 이르시되 인자야 내가 네게 주는 이 두루마리를 네 배에 넣으며 네 창자에 채우라 하시기에 내가 먹으니 그것이 내 입에서 달기가 꿀 같더라

하나님의 말씀이 당신 안에 풍성히 거하기까지 말씀을 드십시오. 말씀을 먹을수록 당신 안에는 말씀의 빛과 생명이 충만해질 것입니다.

그 빛이, 그 생명이 당신을 통해 나타나 영혼들을 살릴 것입니다.
지금 말씀이 당신의 기쁨이요 즐거움입니까?
그렇지 않다면 말씀이 나의 기쁨이요 즐거움이라고 고백하기까지 말씀을 드십시오.

시119:77 주의 긍휼히 여기심이 내게 임하사 내가 살게 하소서 주의 법은 나의 즐거움이니이다

시편 기자의 고백이 당신의 고백이 되게 하십시오.
말씀이 당신의 생각과 말과 행동을 지배하여 이 땅에서 말씀을 이루는 자가 될 것입니다.

오직 예수!!

1월 30일

(골로새서 2장)
7 그 안에 뿌리를 박으며 세움을 받아 교훈을 받은 대로 믿음에 굳게 서서 감사함을 넘치게 하라

하나님의 능력을 경험하기를 원하십니까?
그렇다면 하나님께서 이미 하신 일에 대해 믿음으로 감사와 찬양을 드리십시오.
하나님께서 이미 이루어 놓으신 일들을 말씀 속에서 찾아 묵상하면서 감사하는 시간을 충분히 보내십시오.
하나님께서 이미 이루어 놓으신 일들을 점점 더 믿을 수 있게 될 것입니다.

엡1:18 너희 마음의 눈을 밝히사 그의 부르심의 소망이 무엇이며 성도 안에서 그 기업의 영광의 풍성함이 무엇이며 19 그의 힘의 위력으로 역사하심을 따라 믿는 우리에게 베푸신 능력의 지극히 크심이 어떠한 것을 너희로 알게 하시기를 구하노라

당신 안에는 하나님의 놀라운 능력이 부어져 있습니다.
당신의 감사와 믿음이 이것을 당신 안에서 풀어지게 할 것입니다. 그로 인해 당신은 하나님께서 이미 이루신 일들을 몸으로 경험하며 누리게 될 것입니다.

오직 예수!!

1월 31일

(갈라디아서 5장)
17 육체의 소욕은 성령을 거스르고 성령은 육체를 거스르나니 이 둘이 서로 대적함으로 너희가 원하는 것을 하지 못하게 하려 함이니라

영의 생각을 따라 사는 것이 우리의 행복임을 다 알고 있습니다. 문제는 그것이 내 마음대로 잘되지 않는다는 것입니다. 왜냐하면 내 안에 두 소욕이 싸우기 때문입니다.

내가 무엇을 택할 것인지는 나의 의지에 달려 있습니다. 그래서 당신의 영적 의지력을 키우는 것이 중요합니다. 하나님의 은혜로 당신의 마음이 충만할 때 당신은 하나님 편을 쉽게 택할 수 있습니다. 말씀 묵상과 기도하기로 하나님의 은혜가 당신의 마음에 늘 공급되도록 하십시오.

롬8:6 육신의 생각은 사망이요 영의 생각은 생명과 평안이니라

영의 생각을 따라 살아 날마다 생명과 평안을 누리게 될 것입니다.

오직 예수!!

2월

(열왕기상 17장)
3 너는 여기서 떠나 동쪽으로 가서
요단 앞 그릿 시냇가에 숨고
4 그 시냇물을 마시라
내가 까마귀들에게 명령하여
거기서 너를 먹이게 하리라

2월 1일

(열왕기상 17장)
3 너는 여기서 떠나 동쪽으로 가서 요단 앞 그릿 시냇가에 숨고 4 그 시냇물을 마시라 내가 까마귀들에게 명령하여 거기서 너를 먹이게 하리라

하나님께서 당신의 삶을 책임져 주실 것입니다.

까마귀를 통하여 엘리야를 먹이신 하나님의 역사를 보면서 당신은 무엇을 느끼십니까? 하나님은 당신의 자녀들을 결코 버리거나 떠나지 않으십니다.

지금 어떤 문제로 걱정하며 염려하고 계십니까? 당신의 모든 것을 알고 계신 하나님께서 당신의 삶에 모든 필요들을 그리스도 안에서 풍성하게 공급해 주실 것입니다.

빌4:19 나의 하나님이 그리스도 예수 안에서 영광 가운데 그 풍성한 대로 너희 모든 쓸 것을 채우시리라

당신이 할 일은 하나님을 믿고 범사에 감사하는 것입니다.
당신은 이미 하나님의 복을 받은 자입니다.

오직 예수!!

2월 2일

(빌립보서 1장)
8 내가 예수 그리스도의 심장으로 너희 무리를 얼마나 사모하는지 하나님이 내 증인이시니라

바울은 예수 그리스도의 마음을 품고 사람들을 사랑하며 사역하였습니다.

오늘 주님께서 우리에게 원하시는 삶의 모습입니다.

빌2:5 너희 안에 이 마음을 품으라 곧 그리스도 예수의 마음이니

당신은 그리스도 예수의 마음을 품고 사람들을 사랑하며 살고 계십니까? 잘 안되더라도 낙심하거나 좌절하지는 마십시오.

이렇게 살기를 소망하고 날마다 주 예수님을 바라볼 때 성령님께서 당신을 주님의 마음을 품은 자로 살게 해 주실 것입니다.

당신은 예수님의 마음을 가진 자입니다.

오직 예수!!

2월 3일

(빌립보서 4장)
4 주 안에서 항상 기뻐하라 내가 다시 말하노니 기뻐하라

올 한 해 건강하게 살기를 원하십니까?
그렇다면 주 안에서 항상 기뻐하십시오. 마음의 기쁨과 즐거움이 좋은 약입니다.

잠17:22 마음의 즐거움은 양약이라도 심령의 근심은 뼈를 마르게 하느니라

당신이 언제 어디서나 기쁨의 근원 되시는 주님과 친밀한 관계 가운데 산다면 기쁨은 늘 당신 안에서 역사할 것입니다.

혹시 기쁨을 잃었다면 고개를 들어 십자가의 주님을 바라보시고 그분 앞으로 나아가십시오. 주님께서 당신 안에 충만한 기쁨과 영원한 즐거움을 부어 주실 것입니다. 그로 인해 기쁨이 다시 당신 안에서 흐르게 될 것입니다. 그로 인해 당신은 영육이 강건한 삶을 살게 될 것입니다.

예수님이 당신의 기쁨이십니다.

오직 예수!!

2월 4일

(열왕기상 18장)
21 엘리야가 모든 백성에게 가까이 나아가 이르되 너희가 어느 때까지 둘 사이에서 머뭇머뭇하려느냐 여호와가 만일 하나님이면 그를 따르고 바알이 만일 하나님이면 그를 따를지니라 하니 백성이 말 한마디도 대답하지 아니하는지라

하나님과 바알 중에 하나를 택하라는 말에 이스라엘 백성들이 아무런 대답을 하지 않습니다. 둘 다를 포기하지 않겠다는 것입니다.

신앙은 하나님 아니면 바알 둘 중의 하나를 택해야 합니다. 왜 이스라엘 백성들은 바알을 포기하지 않는 것입니까? 바알이 주는 쾌락이 있기 때문입니다. 둘을 다 가지려다 보면 결국 바알 쪽으로 갈 수밖에 없고 그 결과는 멸망임을 알아야 합니다.

신앙은 선택의 연속입니다. 언제까지 양다리 신앙생활을 하려 합니까? 하나님이든 세상이든 둘 중의 하나를 선택하십시오.

하나님만을 날마다 선택하기를 원하십니까? 하나님을 아는 지식과 사랑에서 자라 가십시오.
당신이 성장하는 만큼 하나님을 선택하게 될 것입니다.

오직 예수!!

2월 5일

(사도행전 11장)
23 그가 이르러 하나님의 은혜를 보고 기뻐하여 모든 사람에게 굳건한 마음으로 주와 함께 머물러 있으라 권하니

우리의 대적 마귀는 우리의 마음을 공격하여 우리 안에 부어진 은혜를 빼앗아 가려고 합니다.

그래서 우리의 마음을 굳건하게 하는 것이 중요합니다.
그 비결은 당신이 주 예수님과 함께 사는 것입니다.

딤후2:1 내 아들아 그러므로 너는 그리스도 예수 안에 있는 은혜 가운데서 강하고

주님과 함께 살 때 그분의 은혜가 당신의 마음을 굳건하게 할 것입니다.
요즘 당신의 마음을 흔드는 것들이 무엇입니까?
하나님의 은혜가 당신의 마음과 생각을 지배하도록 주님과 함께 머물러 있으십시오.

주의 은혜가 당신을 강한 자로 온전한 자로 만들어 영적 싸움에 승리하게 할 것입니다. 당신은 주님의 은혜 아래 있는 자입니다.

오직 예수!!

2월 6일

(이사야 43장)
1 야곱아 너를 창조하신 여호와께서 지금 말씀하시느니라 이스라엘아 너를 지으신 이가 말씀하시느니라 너는 두려워하지 말라 내가 너를 구속하였고 내가 너를 지명하여 불렀나니 너는 내 것이라

전 세계에서 우리나라가 코로나19 때문에 우울증에 걸린 사람들이 제일 많다고 합니다. 참으로 힘든 시절을 우리가 지나가고 있습니다. 그러나 그 끝이 오고 있습니다. 그러니 힘을 내십시오.

살아 계신 하나님께서 이 아침에 당신에게 말씀하십니다.

"아무것도 두려워하지 말라 내가 너를 구속하였고 지명하여 불렀나니 너는 내 것이라."

"내가 너를 지킬 것이다. 내가 너의 모든 상황들을 통해서 나의 영광을 나타낼 것이다."

당신은 하나님의 소유입니다.

오직 예수!!

2월 7일

(요한복음 5장)
42 다만 하나님을 사랑하는 것이 너희 속에 없음을 알았노라

신앙생활의 본질은 하나님을 인격적으로 알고 사랑하는 것입니다. 교회 안에는 하나님에 대한 사랑 없이 자기만족과 성실한 성격 때문에 성경을 공부하고 기도를 하고 헌금 생활을 열심히 하는 사람들이 있습니다. 예수님 당시의 유대인들이 바로 그런 사람들이었습니다.

당신은 하나님을 사랑하는 마음으로 신앙생활을 하고 계십니까? 하나님을 믿는 것과 사랑하는 것은 다릅니다. 당신의 마음을 하나님이 아십니다.

시18:1 나의 힘이신 여호와여 내가 주를 사랑하나이다

다윗이 하나님께 사랑받고 행복한 인생을 산 이유가 있습니다. 그가 하나님을 진심으로 사랑하였기 때문입니다. 하나님을 사랑하는 일에 집중하십시오. 당신이 먼저 하나님의 사랑을 알아 갈 때 당신도 하나님을 사랑하는 자가 될 것입니다.

오직 예수!!

2월 8일

(시편 59편)
17 나의 힘이시여 내가 주께 찬송하오리니 하나님은 나의 요새이시며 나를 긍휼히 여기시는 하나님이심이니이다

하나님을 당신의 힘으로 고백하며 살고 계십니까? 그렇다면 당신은 주님을 찬송하게 될 것입니다. 왜냐하면 하나님이 당신을 그의 날개 아래 품으시고 보호하시는 은혜를 경험하게 될 것이기 때문입니다.

시편 91:4 그가 너를 그의 깃으로 덮으시리니 네가 그의 날개 아래에 피하리로다 그의 진실함은 방패와 손 방패가 되시나니

다윗은 인생의 위기 속에서도 하나님을 힘입어 모든 어려움을 이겨 냈습니다.

하나님을 당신의 힘으로 여기시고 하나님 앞에서 살아가십시오. 당신도 하나님이 나의 요새이시며 긍휼히 여기시는 자이심을 고백하게 될 것입니다.

"나의 힘이신 여호와여 내가 주를 사랑하며 찬송합니다."

오직 예수!!

2월 9일

(요한복음 10장)
10 도둑이 오는 것은 도둑질하고 죽이고 멸망시키려는 것뿐이요 내가 온 것은 양으로 생명을 얻게 하고 더 풍성히 얻게 하려는 것이라

당신이 예수님을 믿고 거듭난 자라면 당신은 영생을 가진 자입니다. 이 영생은 영원히 사는 하나님의 생명입니다.

요일5:11 또 증거는 이것이니 하나님이 우리에게 영생을 주신 것과 이 생명이 그의 아들 안에 있는 그것이라

당신은 하나님의 생명으로 새롭게 태어난 하나님의 자녀입니다.

이제 당신은 이 생명으로 즉 예수님으로 살아야 합니다.
당신은 지금 예수님으로 살고 계십니까?

당신이 예수님을 먹는 만큼 예수님으로 살게 될 것입니다.

예수님을 먹는다는 것은 영이요 생명인 말씀을 먹는 것입니다.

당신은 당신의 생명인 말씀을 날마다 먹고 계십니까?

오직 예수!!

2월 10일

(시편 62편)
1 나의 영혼이 잠잠히 하나님만 바람이여 나의 구원이 그에게서 나오는도다

시편 62편 전체를 읽어 보면 다윗이 얼마나 하나님 중심적인 삶을 살았는지 알 수 있습니다.

하나님을 잠잠히 바라보는 것~~
하나님만이 구원이요, 반석이라고 고백하는 것~~
하나님을 시시로 의지하며 하나님께 자신의 마음을 토하는 것~~

이러한 표현들을 통해서 우리는 다윗의 마음속에 하나님이 가득 채워져 있음을 보게 됩니다. 사람들의 말을 들어 보면 그가 지금 무엇에 관심을 갖고 있는지 알 수 있습니다.

당신은 요즘 무엇을 많이 생각하고 말하고 계십니까?

하나님을 잠잠히 바라보는 삶을 추구하십시오.
하나님이 당신의 전부라고 말하게 될 것입니다.

오직 예수!!

2월 11일

(로마서 5장)
19 한 사람이 순종하지 아니함으로 많은 사람이 죄인 된 것같이 한 사람이 순종하심으로 많은 사람이 의인이 되리라

아담 때문에 우리가 죄인이 되었듯이 예수님 때문에 우리가 하나님과 화평한 자가 되고 의인이 되었습니다. 당신의 행위로 당신이 의인이 된 것이 아니기에 당신의 행위 때문에 당신의 신분이 바뀌지 않습니다. 당신은 은혜로 구원을 받은 것입니다.

엡2:8 너희는 그 은혜에 의하여 믿음으로 말미암아 구원을 받았으니 이것은 너희에게서 난 것이 아니요 하나님의 선물이라

당신이 거듭난 하나님의 자녀라면 아담 안에 있는 당신은 죽었습니다. 이제 당신은 그리스도 예수 안에 있습니다.

당신의 정체성을 정확히 아십시오. 당신은 그리스도 예수 안에 있는 하나님의 보배롭고 존귀한 자녀입니다.

예수님의 믿음과 마음으로 이 땅에서 담대하게 살아가십시오.
당신을 통해 주님의 성품이, 능력이 나타날 것입니다.

오직 예수!!

2월 12일

(고린도후서 5장)
17 그런즉 누구든지 그리스도 안에 있으면 새로운 피조물이라 이전 것은 지나갔으니 보라 새것이 되었도다

당신이 예수를 믿고 그리스도 예수 안에 있다면 아담 안에 있는 당신, 즉 옛사람은 죽었습니다.

이제 당신은 그리스도 예수 안에 있는 자로 새롭게 태어났습니다. 의와 진리의 거룩함으로 새로 지어진 새사람이 된 것입니다.

엡4:24 하나님을 따라 의와 진리의 거룩함으로 지으심을 받은 새사람을 입으라

이것이 당신의 정체성입니다. 새사람으로 산다는 것은 그리스도 예수 안에 있는 나로 사는 것입니다.

그리스도 예수 안에 있는 나로 살 때 당신의 삶에 의와 진리와 거룩이 나타날 것입니다.
당신은 예수님의 생명을 나타내는 귀한 통로가 될 것입니다.

오직 예수!!

2월 13일

(요한일서 4장)
17 이로써 사랑이 우리에게 온전히 이루어진 것은 우리로 심판 날에 담대함을 가지게 하려 함이니 주께서 그러하심과 같이 우리도 이 세상에서 그러하니라

하나님의 사랑을 날마다 누리고 계십니까?

당신의 삶이 스스로 느끼기에 좋을 때나 그렇지 못할 때도 하나님은 당신을 똑같이 사랑하신다는 사실을 알고 계십니까?

당신 안에 살아 계신 예수님이 당신의 생명이라면 당신의 가치는 예수님의 가치와 같습니다.

'주께서 그러하심과 같이 우리도 이 세상에서 그러하니라' 이 말은 우리가 예수님처럼 된다는 것입니다.

하나님은 예수님을 보시듯 당신을 보십니다.
하나님은 예수님을 사랑하시듯 당신을 사랑하십니다.

당신은 그리스도 예수 안에 있는 자입니다.

오직 예수!!

2월 14일

(로마서 6장)
5 만일 우리가 그의 죽으심과 같은 모양으로 연합한 자가 되었으면 또한 그의 부활과 같은 모양으로 연합한 자도 되리라

예수를 믿는다는 것은 그분과 하나가 되는 것입니다.

우리가 그리스도 안으로, 그리스도가 우리 안으로 들어오는 연합의 삶이 이루어지는 것입니다.

영적으로 예수님의 모든 경험이 우리의 경험이 된 것입니다.
이제 당신은 그리스도와 떨어질 수 없는 관계가 되었습니다.

요15:5 나는 포도나무요 너희는 가지라 그가 내 안에, 내가 그 안에 거하면 사람이 열매를 많이 맺나니 나를 떠나서는 너희가 아무것도 할 수 없음이라

이제 그리스도 밖으로 나가지 말고 언제나 그리스도 안으로 깊이 들어가 그분의 생명으로 살아가십시오.

하나님이 기뻐하시는 많은 열매들을 맺게 될 것입니다.

오직 예수!!

2월 15일

(요한복음 5장)
24 내가 진실로 진실로 너희에게 이르노니 내 말을 듣고 또 나 보내신 이를 믿는 자는 영생을 얻었고 심판에 이르지 아니하나니 사망에서 생명으로 옮겼느니라

성경을 읽을 때 시제를 잘 보아야 합니다.
오늘 본문은 믿는 자는 영생을 이미 얻었고 심판에 이르지 아니하며 사망에서 생명으로 이미 옮겨졌다고 선포합니다.

당신이 예수님을 믿고 거듭났다면 당신은 구원을 받은 것입니다.
당신은 사단의 권세에서 벗어나 하나님의 나라로 이미 옮겨진 것입니다.

엡2:6 또 함께 일으키사 그리스도 예수 안에서 함께 하늘에 앉히시니

하늘의 앉은 자의 정체성으로 이 땅에서 살아가십시오.
세상이 감당하지 못할 하나님의 사람이 될 것입니다.

당신은 영생을 가진 자입니다.

오직 예수!!

2월 16일

(갈라디아서 5장)
6 그리스도 예수 안에서는 할례나 무할례나 효력이 없으되 사랑으로
써 역사하는 믿음뿐이니라

역사하는 믿음의 삶을 원하십니까?
그 비결은 당신이 하나님의 사랑을 아는 것입니다.

하나님은 당신이 당해야 할 모든 죄의 징벌과 심판을 예수님에게 돌리셨
습니다. 예수님 때문에 당신은 하나님의 사랑받는 자녀가 된 것입니다.
이제 당신은 당신의 어떠함에 상관없이 하나님 아버지의 변함없는 사랑
을 받고 누릴 것입니다.

요일4:10 사랑은 여기 있으니 우리가 하나님을 사랑한 것이 아니요 하
나님이 우리를 사랑하사 우리 죄를 속하기 위하여 화목제물로 그 아들
을 보내셨음이라

이 놀라운 하나님의 사랑을 당신이 알면 알수록 당신의 믿음은 솟아오를
것입니다.

그 결과 당신의 믿음은 언제나 역사하게 될 것입니다.

오직 예수!!

2월 17일

(욥기 23장)
10 그러나 내가 가는 길을 그가 아시나니 그가 나를 단련하신 후에는 내가 순금같이 되어 나오리라

욥은 인간이 견디기 힘든 엄청난 고난을 겪습니다. 그런데 욥은 그의 삶의 고난을 하나님이 자신을 단련하시는 것으로 여길 뿐만 아니라 그것을 통해서 순금같이 되어 나올 것을 고백합니다. 누구에게나 고난이 있습니다. 문제는 그 고난에 대한 우리의 태도입니다.

시119:71 고난 당한 것이 내게 유익이라 이로 말미암아 내가 주의 율례들을 배우게 되었나이다

우리의 태도에 따라 고난이 우리에게 복이 되기도 하고 화가 되기도 합니다. 당신이 지금 겪고 있는 일이 어떠하든 하나님을 신뢰하고 믿음의 고백을 하십시오.

합력하여 선을 이루시는 하나님의 역사를 경험하고 간증하게 될 것입니다. 하나님이 당신의 형편을 알고 계십니다.

오직 예수!!

2월 18일

(히브리서 10장)
14 그가 거룩하게 된 자들을 한 번의 제사로 영원히 온전하게 하셨느니라

당신은 자신이 온전하다고 믿습니까?
하나님께서 그렇다고 하니까 믿어야 하는데 내 삶을 보면 아닌 것 같아요. 안 믿는 것입니다.

당신의 느낌을 믿지 말고 하나님의 말씀을 믿으십시오.
하나님이 온전하다고 하면 누가 뭐래도 당신은 온전한 자입니다. 믿는 자는 삶이 부족하지만 그럼에도 불구하고 성경대로 '나는 온전해'라고 말하는 자입니다.

당신은 그리스도 안에서 새롭게 되었습니다.

당신이 온전하다고 믿을수록 당신은 이 땅에서 온전함을 누리게 될 것입니다.

당신은 그리스도 안에서 온전한 자입니다.

오직 예수!!

2월 19일

(전도서 12장)
13 일의 결국을 다 들었으니 하나님을 경외하고 그의 명령들을 지킬지 어다 이것이 모든 사람의 본분이니라

세상에서 가질 수 있는 것은 다 가질 뿐 아니라 자신이 하고 싶은 것은 뭐든지 다 해 보았던 솔로몬이 다음과 같이 고백합니다.

전1:2 전도자가 이르되 헛되고 헛되며 헛되고 헛되니 모든 것이 헛되 도다

왜 이런 고백을 한 것입니까? 그 인생에 하나님이 빠졌기 때문입니다.

우리에게 하나님이 없다면 우리는 헛된 인생을 살게 될 것입니다.

그러므로 하나님을 경외하며 그분의 말씀을 따라 살아가십시오.
당신의 모든 인생길이 가치 있고 행복할 것입니다.

오직 예수!!

2월 20일

(베드로전서 1장)
15 오직 너희를 부르신 거룩한 이처럼 너희도 모든 행실에 거룩한 자가 되라

하나님의 생명으로 새롭게 태어난 그리스도인들은 하나님의 성품을 가지게 됩니다. 그 성품 중의 하나가 바로 거룩입니다.

이제 우리는 하나님의 뜻을 따라 거룩함으로 이 땅에서 살아가야 합니다.

살전4:3 하나님의 뜻은 이것이니 너희의 거룩함이라 곧 음란을 버리고

음란이 판을 치는 이 땅에서 새 생명으로 사는 것, 이것이 거룩입니다.

옛사람을 벗어 버리고 날마다 새사람을 입으십시오. 당신은 이 땅에서 하나님의 뜻을 따라 거룩하게 살게 될 것입니다.

당신은 그리스도 안에서 거룩합니다.

오직 예수!!

2월 21일

(고린도전서 1장)

30 너희는 하나님으로부터 나서 그리스도 예수 안에 있고 예수는 하나님으로부터 나와서 우리에게 지혜와 의로움과 거룩함과 구원함이 되셨으니

예수님이 우리의 거룩함입니다.
그러므로 우리가 이 땅에서 거룩하게 살려면 예수님으로 말미암아 살아야 합니다. 우리의 거룩함은 내가 나의 주인 되어 사느냐 아니면 예수님이 나의 주인 되어 사느냐에 달려 있습니다.

예수님을 믿으면서도 여전히 당신이 자신의 주인 되어 살면 거룩과는 먼 인생을 살게 될 것입니다. 반대로 당신이 예수님을 주인으로 인정하고 주인 되시는 주님이 당신을 통해 산다면 당신의 삶은 거룩하게 될 것입니다.

당신 안에 살아 계신 예수님과 친밀하게 교제함으로 주님의 은혜가 당신 안에 가득하게 하십시오. 예수님을 당신의 주인으로 인정하게 될 것이며 당신의 삶은 거룩해질 것입니다.

예수님이 당신의 거룩함이십니다.

오직 예수!!

2월 22일

(에베소서 4장)
24 하나님을 따라 의와 진리의 거룩함으로 지으심을 받은 새사람을 입으라

예수를 믿고 하나님으로부터 다시 태어났다면 당신은 그리스도 예수 안에서 새로운 피조물 즉 새사람입니다.

그런데 성경은 우리가 새사람이 되었는데 새사람을 입으라 하십니다. 새사람은 입으라는 말은 우리의 마음의 태도와 자세를 바꾸라는 것입니다. 즉 자신의 정체성을 정확히 알고 그렇게 살아가라는 것입니다.

당신은 이제 의롭고 거룩한 하나님의 자녀가 되었습니다. 그러나 가만히 있어도 그렇게 살아지는 것은 아닙니다.

그러므로 성령 안에서 예수님과의 친밀한 교제를 힘쓰십시오. 예수 생명으로 충만한 만큼 당신은 새사람으로 살게 될 것입니다.

오직 예수!!

2월 23일

(로마서 13장)
14 오직 주 예수 그리스도로 옷 입고 정욕을 위하여 육신의 일을 도모하지 말라

우리는 예수를 믿고 그리스도 예수 안으로 들어가 주님과 하나가 되었습니다.

당신은 이제 그리스도로 옷 입은 자가 된 것입니다.

갈3:27 누구든지 그리스도와 합하기 위하여 세례를 받은 자는 그리스도로 옷 입었느니라

이제 그리스도로 옷 입는 자로 살아가십시오.
당신 안에 살아 계신 그리스도 예수의 마음과 믿음으로 살아가는 것입니다.

당신이 그리스도로 살아갈 때 육신의 열매가 아닌 영의 열매를 맺는 자가 될 것입니다.

당신은 그리스도로 옷 입은 자입니다.

오직 예수!!

2월 24일

(요한복음 17장)
17 그들을 진리로 거룩하게 하옵소서 아버지의 말씀은 진리니이다

하나님이 거룩하시듯 그분의 생명으로 새롭게 태어난 당신도 거룩합니다. 이것이 우리의 정체성입니다.

이제 우리는 하나님의 자녀답게 거룩한 자로 살아야 합니다.
문제는 그것이 쉽지 않다는 것입니다. 여전히 육과 죄가 존재하기 때문입니다. 당신이 거룩한 자로 살아 하나님의 기쁨이 되기 원하신다면 생명의 말씀을 가까이하십시오.

요17:17 그들을 진리로 거룩하게 하옵소서 아버지의 말씀은 진리니이다

말씀 묵상으로 하루의 문을 열고 말씀 묵상으로 하루의 문을 닫으십시오. 말씀이 당신의 생각과 말과 행동을 지배하여 이 땅에서 거룩한 자로 서게 될 것입니다.

당신은 말씀을 가진 자입니다.

오직 예수!!

2월 25일

(예레미야 6장)
19 땅이여 들으라 내가 이 백성에게 재앙을 내리리니 이것이 그들의 생각의 결과라 그들이 내 말을 듣지 아니하며 내 율법을 거절하였음이니라

하나님은 이스라엘의 백성들이 재앙을 당하는 것이 그들의 생각의 결과라고 말씀하십니다. 이처럼 우리의 생각은 너무나 중요합니다.

롬8:6 육신의 생각은 사망이요 영의 생각은 생명과 평안이니라

당신이 육신의 생각을 따라 산다면 당신의 인생에 사망의 열매들이 나타날 것입니다. 반대로 당신이 영의 생각을 따라 산다면 생명과 평안의 열매들을 갖게 될 것입니다.

당신의 생각을 점검해 보십시오.
요즘 무슨 생각을 많이 하십니까? 당신이 영의 생각을 많이 하기를 원한다면 영이요 생명이신 주의 말씀을 주야로 묵상하십시오. 은혜의 말씀이 당신의 생각을 새롭게 하여 생명과 평안의 삶을 살게 하실 것입니다.

오직 예수!!

2월 26일

(디모데후서 1장)
7 하나님이 우리에게 주신 것은 두려워하는 마음이 아니요 오직 능력과 사랑과 절제하는 마음이니

하나님이 주시지 않는 것들이 당신에게 다가올 때 과감히 거부하십시오. 그리고 하나님이 당신에게 주신 것에 대해서는 깊이 묵상하여 마음에 새겨지게 하십시오.

만약 당신 안에 하나님의 능력과 사랑과 절제가 있다는 사실이 당신에게 용기와 여유와 자신감을 주지 못한다면 당신은 지금 이 진리를 제대로 믿지 않고 있는 것입니다. 왜 두려움과 미움과 염려에 당신의 마음을 허락하십니까? 담대하게 떠나라 선포하십시오. 이것들은 하나님이 주신 것이 아닙니다.

약4:7 그런즉 너희는 하나님께 복종할지어다 마귀를 대적하라 그리하면 너희를 피하리라

그리스도 안에서 당신이 얼마나 존귀하고 보배로운 존재인지 깨달아 주십시오. 세상이 감당치 못하는 능력의 삶을 살게 될 것입니다.

오직 예수!!

2월 27일

사43:1 야곱아 너를 창조하신 여호와께서 이제 말씀하시느니라. 이스라엘아 너를 조성하신 자가 이제 말씀하시느니라 너는 두려워 말라 내가 너를 구속하였고 내가 너를 지명하여 불렀나니 너는 내 것이라.

하나님은 당신을 소유하시기 위해서 당신을 구속하셨습니다.
구속이란 값을 지불하고 샀다는 것입니다.

하나님은 당신을 위해 예수님을 대가로 지불하고 당신을 사셨습니다. 그래서 당신의 가치는 예수님의 가치와 같습니다.
하나님은 예수님을 사랑하는 것과 똑같이 당신도 사랑하십니다.

요일5:18 하나님께로부터 난 자는 다 범죄 하지 아니하는 줄을 우리가 아노라 하나님께로부터 나신 자가 그를 지키시매 악한 자가 그를 만지지도 못하느니라

이제 당신은 하나님의 가족이기에 하나님의 보호 아래 살아갑니다. 그 누구도 심지어 마귀도 당신을 함부로 할 수 없습니다.

이 진리 위에 굳게 서십시오. 어떤 상황에도 두려워하거나 낙심하지 않는 인생을 살게 될 것입니다.

오직 예수!!

2월 28일

(히브리서 3장)
1 그러므로 함께 하늘의 부르심을 받은 거룩한 형제들아 우리가 믿는 도리의 사도이시며 대제사장이신 예수를 깊이 생각하라

그리스도인의 삶은 나는 죽고 예수님으로 사는 것입니다.
이것을 위해서 우리가 해야 할 일은 예수님을 깊이 생각하는 것입니다.

바울은 예수님과 그분이 십자가에서 죽으신 것에 집중하겠다고 고백했습니다.

고전2:2 내가 너희 중에서 예수 그리스도와 그가 십자가에 못 박히신 것 외에는 아무것도 알지 아니하기로 작정하였음이라

십자가의 죽으심의 핵심은 그분의 사랑입니다.
그래서 예수를 깊이 생각하되 특별히 그분의 사랑을 깊이 생각하십시오.
예수님의 사랑을 깊이 생각할수록 당신은 없어지고 그분의 사랑이 당신의 마음과 생각을 사로잡게 될 것입니다.

당신은 주님의 사랑으로 살게 될 것입니다.

오직 예수!!

3월

(요한일서 4장)
19 우리가 사랑함은
그가 먼저 우리를 사랑하셨음이라

3월 1일

(요한일서 4장)
19 우리가 사랑함은 그가 먼저 우리를 사랑하셨음이라

하나님을 사랑하는 것이 자녀 된 우리의 본분입니다. 그런데 우리가 하나님을 사랑하려면 먼저 하나님의 사랑을 알아야 합니다. 하나님의 사랑을 깊이 깨달을수록 우리도 변화되고 하나님을 더 사랑하게 되는 것입니다. 하나님이 언제 우리를 사랑하셨습니까? 우리가 죄인이었을 때입니다.

롬5:8 우리가 아직 죄인 되었을 때에 그리스도께서 우리를 위하여 죽으심으로 하나님께서 우리에 대한 자기의 사랑을 확증하셨느니라

하나님의 사랑은 당신의 행위나 공로와 상관이 없다는 것입니다. 당신이 언제나 하나님께 사랑받고 있다는 사실을 믿으십시오. 당신은 하나님을 사랑하는 자가 될 것입니다. 나아가 하나님의 사랑 안에서 참된 안식과 자유와 기쁨을 누리게 될 것입니다.

당신은 하나님의 사랑받는 자녀입니다.

오직 예수!!

3월 2일

(로마서 5장)

8 우리가 아직 죄인 되었을 때에 그리스도께서 우리를 위하여 죽으심으로 하나님께서 우리에 대한 자기의 사랑을 확증하셨느니라

하나님이 우리를 사랑하신 것은 우리가 잘나서, 선한 일을 많이 해서가 아닙니다. 우리가 하나님과 원수 되어 그분의 진노를 받아 마땅한 상태에 있는 죄인 된 우리를 그저 사랑하신 것입니다. 왜 우리를 사랑하는지 우리는 설명할 길이 없습니다. 그래서 은혜라 하는 것입니다. 어떤 상황에서도 당신을 향한 하나님의 사랑은 변하지 않습니다.

요13:1 유월절 전에 예수께서 자기가 세상을 떠나 아버지께로 돌아가실 때가 이른 줄 아시고 세상에 있는 자기 사람들을 사랑하시되 끝까지 사랑하시니라

혹시나 당신이 처한 상황 때문에 하나님의 사랑이 의심되더라도 낙담하지 말고 조금만 더 힘을 내 십자가의 주님께로 달려가 십자가의 주님을 바라보십시오. 그 사랑에 눈이 떠지고 그 사랑에 감격하여 새 힘을 얻게 될 것입니다. 당신은 그리스도 안에서 하나님의 사랑받기에 합당한 자입니다.

오직 예수!!

3월 3일

(고린도전서 16장)
14 너희 모든 일을 사랑으로 행하라

하나님은 사랑이십니다. 그래서 하나님의 자녀인 당신도 사랑입니다. 하나님은 당신이 모든 일을 사랑으로 행하기를 원하십니다. 신앙생활은 하나님께 사랑받기 위해 하는 것이 아니라 하나님의 사랑에 강권되어 기쁨으로 하는 것입니다.

고후5:14 그리스도의 사랑이 우리를 강권하시는도다 우리가 생각하건대 한 사람이 모든 사람을 대신하여 죽었은즉 모든 사람이 죽은 것이라

신앙생활의 승리를 원하십니까? 그렇다면 사랑의 길을 따라 걸어가십시오.

고전12:31 너희는 더욱 큰 은사를 사모하라 내가 또한 가장 좋은 길을 너희에게 보이리라

당신이 사랑의 길을 따라 하나님을 사랑하고 사람을 사랑할 때
삶의 활력과 기쁨을 얻고 하나님이 기뻐하시는 열매들을 맺게 될 것입니다. 당신은 사랑입니다.

오직 예수!!

3월 4일

(요한일서 4장)
16 하나님이 우리를 사랑하시는 사랑을 우리가 알고 믿었노니 하나님은 사랑이시라 사랑 안에 거하는 자는 하나님 안에 거하고 하나님도 그의 안에 거하시느니라

하나님은 사랑이십니다. 따라서 새로운 피조물은 사랑의 피조물입니다. 당신이 예수 믿고 거듭났다면 당신은 사랑의 본성을 가진 자입니다. 이 땅은 사단의 이기심과 하나님의 사랑이 싸우는 전쟁터라 할 수 있습니다. 자연인은 이기심에 잡혀 있기에 자신보다 남을 더 사랑하지 못합니다. 영생을 가진 그리스도인은 다릅니다. 자신보다 남을 더 사랑할 수 있습니다.

롬5:5 소망이 우리를 부끄럽게 하지 아니함은 우리에게 주신 성령으로 말미암아 하나님의 사랑이 우리 마음에 부은 바 됨이니

당신에게 부어진 사랑으로 가는 곳마다 사랑을 사용하십시오. 그곳이 천국으로 바뀔 것입니다. 당신이 그리스도의 사랑에 압도되는 만큼 자신이 변하고 다른 사람들을 행복하게 만들어 주는 축복의 사람이 될 것입니다.

오직 예수!!

3월 5일

(시편 50편)

15 환난 날에 나를 부르라 내가 너를 건지리니 네가 나를 영화롭게 하리로다

하나님의 자녀에게 주신 최고의 무기는 기도입니다.
기도는 나를 변화시킬 뿐 아니라 상황을 변화시키는 능력이 있습니다.

당신이 지금 겪고 있는 상황이 어떠하든지 낙심하지 마시고 은혜의 보좌 앞으로 나아가 주님을 찾으십시오.

기도가 살면 당신도 삽니다.
기도가 안 되나요? 포기하지 마시고 성령님을 부르며 주님 앞에 앉아 계십시오. 당신 안에 계신 성령님께서 도우실 것입니다.

롬8:26 이와 같이 성령도 우리의 연약함을 도우시나니 우리는 마땅히 기도할 바를 알지 못하나 오직 성령이 말할 수 없는 탄식으로 우리를 위하여 친히 간구하시느니라

기도로 깨어 있으십시오.
당신은 하나님의 구원의 손길을 경험하게 될 것입니다.

오직 예수!!

3월 6일

(사무엘상 1장)
19 그들이 아침에 일찍이 일어나 여호와 앞에 경배하고 돌아가 라마의 자기 집에 이르니라 엘가나가 그의 아내 한나와 동침하매 여호와께서 그를 생각하신지라

하나님이 기도하는 한나를 생각해 주셨습니다.

삼상1:10 한나가 마음이 괴로워서 여호와께 기도하고 통곡하며 12 그가 여호와 앞에 오래 기도하는 동안에 엘리가 그의 입을 주목한즉

하나님은 기도하는 사람을 외면하지 아니하시고 돌아보아 주십니다.

당신의 힘으로 되지 않는 문제 때문에 근심하십니까?
주님께로 나아가 당신의 마음을 토로하십시오.

하나님이 들으시고 당신의 마음과 생각을 평강으로 지켜 주실 것입니다.

하나님이 당신을 기억하고 계십니다.

오직 예수!!

3월 7일

(고린도후서 6장)

9 무명한 자 같으나 유명한 자요 죽은 자 같으나 보라 우리가 살아 있고 징계를 받는 자 같으나 죽임을 당하지 아니하고 10 근심하는 자 같으나 항상 기뻐하고 가난한 자 같으나 많은 사람을 부요하게 하고 아무것도 없는 자 같으나 모든 것을 가진 자로다

혹시 당신은 자신을 무명한 자, 가난한 자, 근심하는 자, 아무것도 없는 자로 여기십니까?

그러나 성경은 당신을 유명한 자, 살아 있는 자, 항상 기뻐하는 자, 부유한 자, 모든 것을 가진 자라고 선언하십니다. 이것이 그리스도 안에 있는 진짜 당신의 정체성입니다.

당신이 자신을 어떻게 생각하느냐보다 성경이 당신을 누구라 하느냐가 더 중요함을 기억하십시오.

성경이 말하는 그리스도인의 정체성이 당신의 자아상이 될 때까지 말씀을 묵상하고 또 묵상하십시오.

말씀대로 살게 될 것입니다. 당신은 모든 것을 가진 자입니다.

오직 예수!!

3월 8일

(살전 5장)
16 항상 기뻐하라

하나님은 당신이 기쁨 가운데 살기를 원하십니다.
요즘 당신은 기쁨 가운데 살고 계십니까? 그렇지 않다면 무엇이 문제입니까? 당신의 환경이 문제가 아닙니다. 바울은 감옥 속에서도 기뻐하였습니다.

문제는 당신의 마음입니다.
하나님의 은혜가 당신 마음에 충만하도록 한다면 당신은 어떤 상황에도 기뻐할 수 있습니다.

잠4:23 모든 지킬 만한 것 중에 더욱 네 마음을 지키라 생명의 근원이 이에서 남이니라

당신의 마음에 마귀가 틈타지 못하게 하시고 대신 은혜로 당신의 마음을 강하게 하십시오. 하나님의 은혜가 당신의 마음을 다스릴수록 당신은 기쁨의 삶을 살게 될 것입니다.

당신은 항상 기뻐하는 자입니다.

오직 예수!!

3월 9일

(사도행전 27장)
25 그러므로 여러분이여 안심하라 나는 내게 말씀하신 그대로 되리라고 하나님을 믿노라

바울은 지금 죄수의 신분으로 로마를 가고 있습니다. 배가 풍랑을 만나 모든 사람들이 죽음의 위기 속에 두려워 떨고 있을 때 바울은 전혀 두려워하지 않습니다. 도리어 담대하게 이들에게 생명의 말씀을 전하며 위로합니다. 바울이 이럴 수 있었던 것은 그가 하나님의 음성을 듣고 그 말을 믿었기 때문입니다.

당신은 하나님을 얼마나 신뢰하십니까?
당신이 어떤 문제 때문에 두려워하고 염려하고 있다면 당신의 믿음을 점검할 필요가 있습니다.

하나님의 약속의 말씀 위에 굳게 서십시오.

"나는 내게 말씀하신 그대로 되리라고 하나님을 믿노라"

이 고백이 당신의 고백이 되게 하십시오.
어떤 상황에도 요동치 않는 평안을 누리게 될 것입니다.

오직 예수!!

3월 10일

(다니엘 6장)

23 왕이 심히 기뻐서 명하여 다니엘을 굴에서 올리라 하매 그들이 다니엘을 굴에서 올린즉 그의 몸이 조금도 상하지 아니하였으니 이는 그가 자기의 하나님을 믿음이었더라

다니엘은 사자 굴속에 던져졌지만 죽지 않고 살았습니다. 하나님이 사자의 입을 막아 주셨기 때문입니다.

성경은 이 기적의 역사가 그의 믿음 때문이라고 선언하고 있습니다. 그렇습니다. 믿음은 강력한 힘이 있습니다.

당신의 믿음은 어떻습니까? 어떤 상황에도 두려워하지 않고 하나님을 믿고 계십니까?
아멘이 안 되더라도 낙심하지는 마십시오. 오늘부터 다시 시작하시면 됩니다.

당신이 눈을 들어 하나님을 바라보기 시작할 때 성령님께서 당신 안에서 일하실 것입니다. 하나님의 믿음이 당신을 사로잡게 될 것입니다.

당신은 하나님의 믿음을 가진 자입니다.

오직 예수!!

3월 11일

(호세아 4장)

6 내 백성이 지식이 없으므로 망하는도다 네가 지식을 버렸으니 나도 너를 버려 내 제사장이 되지 못하게 할 것이요 네가 네 하나님의 율법을 잊었으니 나도 네 자녀들을 잊어버리리라

가나안의 복을 누리던 이스라엘이 왜 망했습니까? 하나님을 아는 지식이 없었기 때문입니다. 그래서 호세아 선지자는 백성들에게 여호와를 힘써 알라고 외칩니다.

호6:3 그러므로 우리가 여호와를 알자 힘써 여호와를 알자 그의 나타나심은 새벽빛같이 어김없나니 비와 같이, 땅을 적시는 늦은 비와 같이 우리에게 임하시리라 하니라

사람의 흥망성쇠가 하나님을 아는 것에 달려 있음을 잊지 마십시오. 하나님을 아는 지식이 당신을 흥하게 할 것입니다.

말씀과 기도로 하나님과 친밀한 교제의 시간을 날마다 확보하십시오. 그것이 당신에게 하나님을 아는 기쁨을 맛보게 할 것입니다. 당신은 형통하게 될 것입니다.

오직 예수!!

3월 12일

(시편 104편)
33 내가 평생토록 여호와께 노래하며 내가 살아 있는 동안 내 하나님을 찬양하리로다 34 나의 기도를 기쁘게 여기시기를 바라나니 나는 여호와로 말미암아 즐거워하리로다

시인은 자신의 평생에 하나님을 찬양하겠다고 고백하고 있습니다. 그가 이렇게 고백한 것은 하나님의 위대하심을 깨달았기 때문입니다.

모든 만물들의 생사화복이 하나님께 있습니다.
모든 만물의 생명의 주인 되시는 주님께서 당신을 기도의 자리로 초대하고 계십니다.

하나님께 나아가 하나님의 위대하심을 찬양하고 당신의 마음을 털어놓고 이야기하십시오.

시62:8 백성들아 시시로 그를 의지하고 그의 앞에 마음을 토하라 하나님은 우리의 피난처시로다 (셀라)

당신이 처한 환경이나 상황에 상관없이 하나님으로 인하여 즐거워하게 될 것입니다.

오직 예수!!

3월 13일

(사사기 21장)
25 그때에 이스라엘에 왕이 없으므로 사람이 각기 자기의 소견에 옳은 대로 행하였더라

성경은 우리 인생의 다림줄입니다.
그러므로 당신의 생각을 내려놓고 말씀이 당신의 마음과 생각을 지배하도록 해야 합니다.

그렇지 않으면 예수를 믿어도 자기 생각에 옳은 대로 살게 됩니다. 자신이 생각이 옳아도 그 생각이 하나님의 마음과는 맞지 않을 수도 있음을 기억하십시오.

그러므로 당신이 할 일은 주야로 말씀을 묵상하면서 당신의 마음을 새롭게 하는 것입니다.

롬12:2 너희는 이 세대를 본받지 말고 오직 마음을 새롭게 함으로 변화를 받아 하나님의 선하시고 기뻐하시고 온전하신 뜻이 무엇인지 분별하도록 하라

말씀이 당신의 마음과 생각을 지배할 때 당신은 하나님의 뜻대로 살게 될 것입니다. 당신은 행복한 인생을 살게 될 것입니다.

오직 예수!!

3월 14일

(하박국 3장)
17 비록 무화과나무가 무성하지 못하며 포도나무에 열매가 없으며 감람나무에 소출이 없으며 밭에 먹을 것이 없으며 우리에 양이 없으며 외양간에 소가 없을지라도 18 나는 여호와로 말미암아 즐거워하며 나의 구원의 하나님으로 말미암아 기뻐하리로다

아무것도 없어도 하나님이 있으면 다 있는 것이고 모든 것이 있어도 하나님이 없으면 다 없는 것입니다. 선지자는 자신의 상황이 물질적으로 가난하더라도 하나님 때문에 기뻐하고 즐거워한다고 고백합니다. 당신이 하나님을 인격적으로 만났다면 환경에 상관없이 만족하고 즐거워할 수 있습니다.

빌4:11 내가 궁핍하므로 말하는 것이 아니니라 어떠한 형편에든지 나는 자족하기를 배웠노니

하나님께서는 당신의 마음에 참 만족과 부요을 주실 수 있는 분이기 때문입니다. 하나님과의 친밀한 교제에 집중하십시오. 상황에 상관없이 하나님으로 인하여 기뻐하고 즐거워하게 될 것입니다.

오직 예수!!

3월 15일

(말라기 4장)

2 내 이름을 경외하는 너희에게는 공의로운 해가 떠올라서 치료하는 광선을 비추리니 너희가 나가서 외양간에서 나온 송아지같이 뛰리라

본문은 예수 그리스도를 통해 우리에게 주어질 구원의 은혜로 우리가 즐거워할 것을 예언하고 있습니다.

이 구원 속에는 질병에서 자유롭게 될 것도 포함되어 있습니다.
성경은 예수님이 채찍에 맞음으로 우리가 나음을 입었다고 선포합니다.

벧전2:24 친히 나무에 달려 그 몸으로 우리 죄를 담당하셨으니 이는 우리로 죄에 대하여 죽고 의에 대하여 살게 하려 하심이라 그가 채찍에 맞음으로 너희는 나음을 얻었나니

"나음을 얻었나니" 이미 이루어진 것임을 기억하십시오.
그러므로 질병을 두려워하지 마십시오. 두려움이 당신의 믿음을 약화시킬 것이기 때문입니다. 믿음으로 담대히 주님께 나아가 성취된 구원(치유)의 복을 주장하십시오. 치유의 은혜를 누리게 될 것입니다.

오직 예수!!

3월 16일

(마태복음 1장)
23 보라 처녀가 잉태하여 아들을 낳을 것이요 그의 이름은 임마누엘이라 하리라 하셨으니 이를 번역한즉 하나님이 우리와 함께 계시다 함이라

임마누엘의 복을 누리십시오. 하나님의 아들이신 예수님은 우리와 함께 살기 위해 이 땅에 오셔서 우리를 죄에서 구원하셨고 우리 안에 들어오셨습니다.

살전5:10 예수께서 우리를 위하여 죽으사 우리로 하여금 깨어 있든지 자든지 자기와 함께 살게 하려 하셨느니라

당신 안에 살아 계신 예수님을 인식하며 그분과 함께 사는 것이 신앙생활입니다.

당신은 모든 범사에 예수님과 함께 살고 계십니까?
당신이 자신을 포기하고 주 예수님을 의지할수록 주님과 함께 사는 삶이 풍성해질 것입니다.

전능하신 하나님이 당신과 함께하심을 잊지 마십시오.
당신은 임마누엘의 복을 가진 자입니다.

오직 예수!!

3월 17일

(마태복음 12장)
35 선한 사람은 그 쌓은 선에서 선한 것을 내고 악한 사람은 그 쌓은 악에서 악한 것을 내느니라

사람들의 말을 들어 보면 그 사람 안에 무엇이 들어 있는지 알 수 있습니다. 그 사람 속에 있는 것이 말로 나오기 때문입니다.

당신의 말을 점검해 보십시오.

말씀과 맞지 않는 부정적인 말을 많이 합니까? 그것은 당신의 마음속에 말씀보다 부정적인 것들이 더 많이 쌓여져 있기 때문입니다.

골3:16 그리스도의 말씀이 너희 속에 풍성히 거하여 모든 지혜로 피차 가르치며 권면하고 시와 찬송과 신령한 노래를 부르며 감사하는 마음으로 하나님을 찬양하고

말씀대로 말하기 원하십니까? 그렇다면 당신 안에 말씀을 가득 채우십시오. 말씀대로 말하게 될 것입니다. 당신의 말이 당신을 감사의 사람, 믿음의 사람으로 바꾸어 줄 것입니다.

오직 예수!!

3월 18일

(에베소서 2장)
8 너희는 그 은혜에 의하여 믿음으로 말미암아 구원을 받았으니 이것은 너희에게서 난 것이 아니요 하나님의 선물이라

하나님이 대가 없이 우리에게 주신 선물을 은혜라 합니다. 하나님은 예수님의 십자가를 통해서 구원과 신앙생활에 필요한 것들을 다 이루어 놓으셨습니다. 이것을 우리가 믿음으로 받아 들을 때 구원을 받게 됩니다.

구원 이후의 삶도 마찬가지입니다. 주님께서 필요한 모든 것들을 공급해 주셨습니다. 당신이 할 일은 그것을 발견하고 알아 가는 것입니다.

고전2:12 우리가 세상의 영을 받지 아니하고 오직 하나님으로부터 온 영을 받았으니 이는 우리로 하여금 하나님께서 우리에게 은혜로 주신 것들을 알게 하려 하심이라

성령님을 의지하며 말씀을 묵상하십시오. 성령께서 당신에게 진리들을 가르쳐 주실 것입니다.

당신은 진리 안에서 자유를 누리게 될 것입니다.

오직 예수!!

3월 19일

(마가복음 3장)
14 이에 열둘을 세우셨으니 이는 자기와 함께 있게 하시고 또 보내사 전도도 하며

예수님이 제자들을 세우시고 첫 번째로 하신 일은 그들과 함께 있는 것이었습니다.

예수님는 자신이 하셨던 사역을 제자들이 똑같이 할 수 있다고 하셨습니다.

요14:12 내가 진실로 진실로 너희에게 이르노니 나를 믿는 자는 내가 하는 일을 그도 할 것이요 또한 그보다 큰일도 하리니 이는 내가 아버지께로 감이라

그것을 위해서 제자들에게 필요한 것은 주님과의 친밀한 교제였습니다. 당신도 마찬가지입니다. 주님과의 친밀한 교제가 당신의 사역과 삶에 제일 우선임을 잊지 마십시오.

주님과 함께하는 시간을 충분히 확보하십시오. 당신을 통하여 주님의 능력이 나타나 영혼들을 살리고 치유하게 될 것입니다.

오직 예수!!

3월 20일

(베드로전서 1장)
8 예수를 너희가 보지 못하였으나 사랑하는도다 이제도 보지 못하나 믿고 말할 수 없는 영광스러운 즐거움으로 기뻐하니

우리가 낙심하고 두려워하는 이유는 환경이나 상황이 아닙니다. 우리의 문제는 예수님을 사랑하는 마음이 부족하다는 것입니다.

당신은 예수님을 믿을 것입니다. 그런데 그 예수님을 얼마나 사랑하십니까?

당신이 예수님을 온 맘으로 사랑한다면 당신은 어떤 상황에도 기뻐하고 즐거워하게 될 것입니다. 당신이 처한 상황에 마음을 빼앗겨 낙심하지 마십시오. 당신의 생각을 주 예수님께 집중하며 그분의 십자가 사랑을 깊이 묵상하십시오.

그 사랑이 깨달아질수록 주님을 향한 당신의 사랑은 극대화될 것입니다. 당신은 진심으로 주님을 믿게 될 것이고 그 믿음은 역사할 것입니다.

당신은 예수님 때문에 행복한 사람입니다.

오직 예수!!

3월 21일

(누가복음 5장)

5 시몬이 대답하여 이르되 선생님 우리들이 밤이 새도록 수고하였으되 잡은 것이 없지마는 말씀에 의지하여 내가 그물을 내리리이다 하고

하나님의 말씀을 머리로만 듣지 말고 마음으로 들어야 합니다. 베드로가 예수님이 하신 말씀에 순종한 것은 그가 그분의 말씀을 마음으로 들었기 때문입니다. 하나님의 말씀을 우선순위에 놓고 높은 가치를 부여하십시오. 말씀 하나하나를 하나님께로부터 당신에게 직접 오는 것처럼 대하십시오.

말씀에 주목하십시오. 귀를 기울이십시오.

잠4:20-22 내 아들아 내 말에 주의하며 내가 말하는 것에 네 귀를 기울이라 그것을 네 눈에서 떠나게 하지 말며 네 마음속에 지키라 그것은 얻는 자에게 생명이 되며 그의 온 육체의 건강이 됨이니라

하나님의 말씀은 생명입니다.
당신이 처한 상황이 아무리 힘들다 해도 하나님의 말씀은 당신의 육체에 생명과 건강을 주실 것입니다.

오직 예수!!

3월 22일

(고린도전서 15장)
57 우리 주 예수 그리스도로 말미암아 우리에게 승리를 주시는 하나님께 감사하노니

당신의 상황이 힘들어 낙심될 때 누군가를 통하여 감정적 위로를 받을 수 있습니다. 그러나 그보다 더 당신이 해야 할 중요한 일이 있습니다. 바로 하나님 말씀의 진리를 붙잡는 것입니다.

힘들어도 이렇게 선포하십시오.

"나는 예수 그리스도 안에서 승리자이다. 내 감정이 어떻든 나는 상관하지 않는다. 나는 예수님 안에서 다시 일어날 것이다. 나는 승리자이지 실패자가 아니다."

당신이 하나님의 말씀을 선포할 때 당신은 진리로 자신을 세우는 것입니다. 당신이 처한 환경 때문에 일어나는 당신의 감정이나 느낌에 지배받지 마십시오. 그것은 진정한 당신이 아닙니다.

당신은 어떤 상황에도 예수님 때문에 기뻐하는 자요 승리하는 자입니다.

오직 예수!!

3월 23일

(고린도후서 5장)
7 이는 우리가 믿음으로 행하고 보는 것으로 행하지 아니함이로라

그리스도인은 믿음으로 사는 자들입니다. 무엇을 믿는 것입니까? 하나님의 말씀을 믿는 믿음으로 행하는 것입니다.

사람들은 체험을 좋아합니다. 그래서 꿈이나 환상, 예언, 이적, 이러한 것들에 관심이 많고 또 이러한 역사들이 일어나는 현장을 찾아다니기도 합니다. 영적 체험이 우리의 신앙에 도움이 되기도 하지만 궁극적으로 사람을 변화시키는 것은 진리의 말씀입니다.

요17:17 그들을 진리로 거룩하게 하옵소서 아버지의 말씀은 진리니이다

당신을 거룩하게 하는 것은 하나님의 말씀임을 기억하십시오. 말씀을 사랑하십시오. 말씀을 열어 읽고 믿으십시오. 말씀이 당신에게 빛이 되고 위로가 되고 능력이 되고 즐거움이 되는 은혜를 경험하게 될 것입니다.

오직 예수!!

3월 24일

(시편 119편)
92 주의 법이 나의 즐거움이 되지 아니하였더면 내가 내 고난 중에 멸망하였으리이다

"주님의 말씀이 나의 즐거움입니다."

이 고백을 당신은 진심으로 할 수 있습니까? 혹시 아니라면 그 고백이 될 때까지 말씀을 가까이하시기 바랍니다.

시119:97 내가 주의 법을 어찌 그리 사랑하는지요 내가 그것을 종일 작은 소리로 읊조리나이다

주의 말씀 앞에 머물며 주야로 묵상할 때 성령님께서 당신의 눈을 열어 주의 말씀을 깨닫게 해 주실 것입니다.

그러면 당신은 말씀을 사랑하게 되고 즐거워하게 될 것입니다.
주의 말씀이 당신의 사랑이 되고 즐거움이 될 때 당신은 당신에게 다가오는 어떤 고난도 이겨 낼 수 있게 될 것입니다.

당신은 큰 평안을 가진 자입니다.

오직 예수!!

3월 25일

(시편 121편)
1 내가 산을 향하여 눈을 들리라 나의 도움이 어디서 올까 2 나의 도움은 천지를 지으신 여호와에게서로다

하나님의 자녀들이 이 땅에서 담대하게 살아갈 수 있는 것은 살아 계신 하나님이 우리와 함께하시기 때문입니다.

왜 두려워하고 불안해합니까?

마음의 눈을 들어 십자가의 주 예수님께 마음의 시선을 고정하십시오. 그 사랑에 감동되어 힘을 얻게 될 것입니다.

그리스도 안에 있는 당신은 사방으로 욱여쌈을 당하여도 싸이지 않는 자입니다. 답답한 일을 당하여도 낙심하지 않는 자입니다.

고후4:8 우리가 사방으로 욱여쌈을 당하여도 싸이지 아니하며 답답한 일을 당하여도 낙심하지 아니하며

이것이 당신의 정체성입니다.
하나님이 당신의 도움이십니다.

오직 예수!!

3월 26일

(로마서 8장)
32 자기 아들을 아끼지 아니하시고 우리 모든 사람을 위하여 내주신 이가 어찌 그 아들과 함께 모든 것을 우리에게 주시지 아니하겠느냐

당신의 가치는 예수님의 가치입니다. 하나님께서 당신을 위해서 예수님을 내주셨다는 것은 하나님께서 당신을 예수님처럼 사랑하신다는 증거입니다.

당신은 자신을 어떻게 바라보고 계십니까?
하나님께서 당신을 보시듯 당신도 자신을 볼 수 있어야 합니다.
당신은 보배로우며 존귀한 자입니다.

사43:4 네가 내 눈에 보배롭고 존귀하며 내가 너를 사랑하였은즉 내가 네 대신 사람들을 내어 주며 백성들이 네 생명을 대신하리니

스스로를 너무 과대평가하거나 과소평가하지 마십시오. 당신이 자신을 어떻게 보느냐가 당신의 인생길에 영향을 줄 것입니다. 성경적인 자아상을 세우십시오. 당신은 예수님처럼 하나님께 사랑받고 있습니다.

오직 예수!!

3월 27일

(갈라디아서 6장)
7 스스로 속이지 말라 하나님은 업신여김을 받지 아니하시나니 사람이 무엇으로 심든지 그대로 거두리라

농부가 곡식을 얻으려면 씨앗을 심어야 합니다. 아무것도 심지 않고 무언가를 얻으려 한다면 그는 어리석은 사람입니다.

영적인 영역에서도 마찬가지입니다. 우리의 삶에 하나님의 응답을 경험하려면 기도를 심어야 합니다. 지금의 자신의 모습은 과거에 내가 심은 결과임을 잊지 마십시오.

지금부터라도 범사에 형통하기를 원하십니까? 그렇다면 하나님의 말씀을 취해 당신의 마음에 심으십시오.

씨가 싹을 틔우려면 시간이 필요합니다.

확실한 것은 당신이 하나님의 말씀이 싹을 틔우도록 계속해서 말씀 묵상에 집중한다면 당신은 반드시 변화되고 형통하게 된다는 것입니다. 말씀이 살아 역사하기 때문입니다.

오직 예수!!

3월 28일

(사도행전 16장)
25 한밤중에 바울과 실라가 기도하고 하나님을 찬송하매 죄수들이 듣더라

복음을 전하다가 매를 맞고 감옥에 갇힌 바울과 실라가 한밤중에 기도합니다. 그러자 놀라운 일이 일어납니다.
옥 터가 움직이고 문이 곧 다 열리며 모든 사람의 매인 것이 다 벗어진 것입니다.

힘들고 지친 상황에서도 하나님을 바라보며 기도하고 찬송하는 자에게 하나님은 역사하십니다.

기도와 찬송이 함께 움직이고 있음을 기억하십시오.

기도가 우리의 간구라면 찬송은 우리의 감사라 할 수 있습니다. 당신이 하나님께 기도하고 찬송할 때 천사들이 일할 것입니다. 기도만 하지 말고 기도 응답에 대한 믿음의 반응으로 하나님께 감사 찬송하십시오.

주님을 바라보는 당신은 오늘도 승리자입니다.

오직 예수!!

3월 29일

(에베소서 2장)
14 그는 우리의 화평이신지라 둘로 하나를 만드사 원수 된 것 곧 중간에 막힌 담을 자기 육체로 허시고

예수님은 우리의 화평이십니다.
예수님은 십자가에서 하나님과 우리 사이를 막고 있는 담을 허셨습니다.

예수님이 십자가에서 죽으실 때 성소의 휘장이 찢어졌는데 그것은 하나님과 우리 사이에 막힌 담이 무너진 것을 상징합니다.

예수님의 십자가는 당신의 질병과 고통을, 가난과 삶의 저주를 끝내 버렸습니다.

요19:30 예수께서 신 포도주를 받으신 후에 이르시되 다 이루었다 하시고 머리를 숙이니 영혼이 떠나가시니라

하나님은 당신이 예수님 안에서 이 진리를 누리기를 원하십니다. 당신이 자신을 포기하고 주 예수님께 집중할수록 십자가의 복음의 은혜를 받고 누리게 될 것입니다.

오직 예수!!

3월 30일

(요한복음 17장)
23 곧 내가 그들 안에 있고 아버지께서 내 안에 계시어 그들로 온전함을 이루어 하나가 되게 하려 함은 아버지께서 나를 보내신 것과 또 나를 사랑하심같이 그들도 사랑하신 것을 세상으로 알게 하려 함이로소이다.

하나님은 예수님을 사랑하시며 기뻐하십니다.

마3:17 하늘로부터 소리가 있어 말씀하시되 이는 내 사랑하는 아들이요 내 기뻐하는 자라 하시니라.

하나님은 당신도 예수님처럼 사랑하시며 기뻐하십니다.
하나님이 예수님을 사랑하는 것과 똑같이 당신을 사랑하시고 만족해하신다는 것을 믿으십시오.

삶이 힘들수록 더 하나님의 사랑 안으로 들어가십시오. 하나님이 당신을 안고 계심을 알게 될 것입니다. 고난 속에서도 하나님의 사랑 안에서 평안과 기쁨을 누리는 당신을 보며 사람들이 하나님의 살아 계심을 보게 될 것입니다.

당신은 하나님의 사랑의 통로입니다.

오직 예수!!

3월 31일

(시편 3편)
6 천만인이 나를 에워싸 진 친다 하여도 나는 두려워하지 아니하리이다

다윗은 천만인이 자신을 에워싸도 두렵지 않다고 고백합니다.
어디에서 오는 자신감입니까?
하나님이 자신을 붙잡고 있음을 알고 믿는 데서 오는 자신감입니다.

시3:5 내가 누워 자고 깨었으니 여호와께서 나를 붙드심이로다

세상이 악하기에 우리는 고난과 고통의 일들을 만날 수 있습니다. 그러나 당신이 기억할 것은 하나님이 당신을 붙잡고 계시다는 것입니다.

하나님께서 당신을 붙잡고 계심을 믿는다면 잠시 당황할 수 있지만 결국 당신은 주님 안에서 형통하게 될 것입니다. 당신이 할 일은 하나님께 꼭 붙어 있는 것입니다.

당신은 지금 주님께 붙어 계십니까?

오직 예수!!

4월

(고린도전서 1장)
30 너희는 하나님으로부터 나서
그리스도 예수 안에 있고
예수는 하나님으로부터 나와서
우리에게 지혜와 의로움과 거룩함과
구원함이 되셨으니

4월 1일

(고린도전서 1장)
30 너희는 하나님으로부터 나서 그리스도 예수 안에 있고 예수는 하나님으로부터 나와서 우리에게 지혜와 의로움과 거룩함과 구원함이 되셨으니

당신은 하나님의 생명으로 새롭게 태어나 그리스도 예수 안에 있습니다. 당신이 그리스도 예수 안에 있다는 이 사실을 깊이 묵상하십시오. 당신은 예수님과 하나가 되었습니다. 이제 당신은 "예수님과 함께"입니다.

엡2:5 허물로 죽은 우리를 그리스도와 함께 살리셨고 (너희는 은혜로 구원을 받은 것이라) 6 또 함께 일으키사 그리스도 예수 안에서 함께 하늘에 앉히시니

당신은 언제나 그리스도 예수 안에 있습니다.
이제 예수님이 당신의 지혜와 의로움과 거룩함과 구원함입니다.
이 진리 위에 굳게 서십시오.

당신은 그리스도 예수의 모든 것을 누리게 될 것입니다.
당신은 없습니다. 주님이십니다.

오직 예수!!

4월 2일

(고린도전서 3장)
1 형제들아 내가 신령한 자들을 대함과 같이 너희에게 말할 수 없어서 육신에 속한 자 곧 그리스도 안에서 어린아이들을 대함과 같이 하노라

하나님은 우리가 영적으로 성장하기를 원하십니다.
당신은 그리스도의 장성한 분량까지 성장하고 계십니까?

엡4:13 우리가 다 하나님의 아들을 믿는 것과 아는 일에 하나가 되어 온전한 사람을 이루어 그리스도의 장성한 분량이 충만한 데까지 이르리니

당신의 삶의 열매들을 살펴보십시오.
당신의 말과 행동 속에 예수님의 성품이 드러나고 계십니까? 그리스도의 마음으로 영혼들을 대하는 자가 신령한 자입니다. 은사나 능력보다 주 예수님과의 친밀함을 더 추구하십시오.

주님으로 채워질수록 당신은 주님의 마음으로 살게 될 것입니다. 당신을 통해 많은 영혼들이 힘을 얻고 주님을 만나게 될 것입니다. 당신은 그리스도의 마음을 가진 자입니다.

오직 예수!!

4월 3일

(고린도후서 5장)

21 하나님이 죄를 알지도 못하신 이를 우리를 대신하여 죄로 삼으신 것은 우리로 하여금 그 안에서 하나님의 의가 되게 하려 하심이라

하나님께서 우리의 죄를 예수님께 전가시키므로 예수님이 죄가 되셨습니다. 주님이 그 죄를 짊어지시고 십자가에서 죽으셨습니다. 당신이 예수님의 죽으심과 부활에 동참한다면 당신은 하나님의 의가 됩니다.

하나님의 의가 된다는 것은 하나님의 본성을 가진 자가 된다는 것입니다. 당신은 이제 이 땅에서 하나님의 본성 즉 생명을 나타내는 자로 살아가게 됩니다.

고후4:10 우리가 항상 예수의 죽음을 몸에 짊어짐은 예수의 생명이 또한 우리 몸에 나타나게 하려 함이라

당신이 날마다 자기를 부인하고 자기 십자가를 질 때 당신을 통하여 주님의 생명이 풍성하게 나타날 것입니다.

당신은 죽었습니다. 주 예수님이 당신 안에서 사십니다.

오직 예수!!

4월 4일

(갈라디아서 1장)
4 그리스도께서 하나님 곧 우리 아버지의 뜻을 따라 이 악한 세대에서 우리를 건지시려고 우리 죄를 대속하기 위하여 자기 몸을 주셨으니

주님이 우리를 죄에서 건지시기 위해 십자가에서 친히 죽으셨습니다. 우리는 여전히 악한 세대에 살고 있기에 여러 가지 힘든 일들을 당하기도 합니다. 그러나 우리가 기억할 것은 주 예수님이 우리 안에 살아 계시고 우리를 어떤 어려움에서도 건져 주실 것이라는 것입니다.

어려운 일을 만났습니까? 염려하지 말고 주님께 감사함으로 아뢰십시오.

빌4:6 아무것도 염려하지 말고 다만 모든 일에 기도와 간구로, 너희 구할 것을 감사함으로 하나님께 아뢰라

주님께서 건져 주시는 은혜의 손길을 경험하게 될 것입니다.

당신이 할 일은 더욱더 십자가의 주 예수님의 사랑을 묵상하며 그 사랑 안에 거하는 것입니다.

오직 예수!!

4월 5일

(에베소서 1장)
17 우리 주 예수 그리스도의 하나님, 영광의 아버지께서 지혜와 계시의 영을 너희에게 주사 하나님을 알게 하시고

신앙생활은 하나님을 인격적으로 알아 가는 것입니다.
하나님에 대한 이론적 지식은 우리가 공부를 통해서 배울 수 있지만 하나님의 지식은 성령님의 가르침이 필요합니다.

고전2:11 사람의 일을 사람의 속에 있는 영 외에 누가 알리요 이와 같이 하나님의 일도 하나님의 영 외에는 아무도 알지 못하느니라

하나님께서 성령님을 믿는 자들에게 주신 이유 중의 하나가 여기에 있습니다. 당신 안에 계신 성령님과의 친밀함을 추구하십시오. 성령님의 가르침을 통해 하나님을 인격적으로 깊이 알게 될 것입니다.

하나님을 아는 만큼 당신 안에는 은혜와 평강이 넘치게 될 것입니다. 당신은 어떤 상황에도 흔들리지 않는 믿음의 사람이 될 것입니다.

오직 예수!!

4월 6일

(빌립보서 2장)
10 하늘에 있는 자들과 땅에 있는 자들과 땅 아래에 있는 자들로 모든 무릎을 예수의 이름에 꿇게 하시고

이 땅에 존재하는 모든 피조물은 예수 이름 앞에 복종해야 합니다. 이 놀라운 예수 이름의 권세를 하나님이 당신에게 주셨습니다.

행3:6 베드로가 이르되 은과 금은 내게 없거니와 내게 있는 이것을 네게 주노니 나사렛 예수 그리스도의 이름으로 일어나 걸으라 하고

베드로는 자신에게 주신 예수님의 이름을 사용하여 앉은뱅이를 치유하였습니다.

당신에게 주어진 예수 이름의 권세를 믿음으로 사용하십시오. 당신에게 있는 문제가 무엇입니까? 예수 이름으로 선포하십시오. 그 문제가 해결된 것을 보게 될 것입니다. 이제부터 무엇을 하든지 말에나 일에나 다 주 예수의 이름으로 행하십시오. 당신을 통해 주님이 영광을 받으실 것입니다. 당신은 예수 이름의 권세를 가진 자입니다.

오직 예수!!

4월 7일

(디도서 2장)
14 그가 우리를 대신하여 자신을 주심은 모든 불법에서 우리를 속량하시고 우리를 깨끗하게 하사 선한 일을 열심히 하는 자기 백성이 되게 하려 하심이라

예수님께서 자신의 피 값으로 우리를 모든 불법에서 사셨습니다. 이제 우리는 그리스도 안에서 거룩하고 깨끗한 자가 된 것입니다. 당신은 하나님의 보호 아래 사는 하나님의 친 백성입니다.

이제 누구도 당신을 하나님의 사랑에서 끊을 수 없습니다.

롬8:39 높음이나 깊음이나 다른 어떤 피조물이라도 우리를 우리 주 그리스도 예수 안에 있는 하나님의 사랑에서 끊을 수 없으리라

지금 삶이 힘들고 어려워도 낙심하거나 절망하지 마십시오. 하나님의 사랑의 손이 당신을 붙잡고 계십니다. 당신이 하나님의 사랑을 온전히 믿고 인내한다면 반드시 하나님의 기쁨과 찬송이 될 것입니다. 당신은 하나님의 친 백성입니다.

오직 예수!!

4월 8일

(히브리서 10장)
14 그가 거룩하게 된 자들을 한 번의 제사로 영원히 온전하게 하셨느니라

예수를 믿음에도 불구하고 많은 사람들이 정죄감과 죄의식 때문에 하나님과의 친밀한 관계를 누리지 못하고 있습니다.

복음의 내용 중의 하나가 무엇입니까?
예수님의 피로 우리가 영원한 속죄을 받아 온전하게 되었다는 것입니다. 그러므로 더 이상 정죄감과 죄의식에 빠져 살 필요가 없습니다.

롬8:1 그러므로 이제 그리스도 예수 안에 있는 자에게는 결코 정죄함이 없나니

당신을 정죄할 자가 없습니다. 스스로 자신을 정죄하지 마십시오. 당신은 그리스도 예수 안에 있는 하나님의 존귀하고 보배로운 자녀입니다. 당신 앞에 열려 있는 은혜의 보좌 앞으로 담대하게 나아가 때를 따라 돕는 은혜를 받고 누리십시오. 당신은 그리스도 안에서 온전한 자입니다.

오직 예수!!

4월 9일

(요한일서 4장)
7 사랑하는 자들아 우리가 서로 사랑하자 사랑은 하나님께 속한 것이니 사랑하는 자마다 하나님으로부터 나서 하나님을 알고

우리는 하나님으로부터 태어나 그리스도 예수 안에 있는 새로운 피조물입니다. 새로운 피조물인 우리는 하나님의 사랑 안에 거하는 자로 살아야 합니다. 하나님의 사랑이 우리 안에 부어져 있기 때문입니다.

롬5:5 소망이 우리를 부끄럽게 하지 아니함은 우리에게 주신 성령으로 말미암아 하나님의 사랑이 우리 마음에 부은 바 됨이니

예수님이 이 땅에서 사랑의 삶을 사셨듯이 그분 안에 있는 우리도 사랑의 삶을 살아야 합니다. 당신이 십자가의 주님을 바라볼수록 이 사랑은 당신 안에서 극대화될 것입니다.

당신의 삶은 자연스럽게 사랑으로 나타나게 될 것입니다. 당신은 사랑 안에서 참 만족과 행복을 누리게 될 것입니다. 하나님이 사랑이듯 당신도 사랑입니다.

오직 예수!!

4월 10일

(히브리서 12장)
2 믿음의 주요 또 온전하게 하시는 이인 예수를 바라보자 그는 그 앞에 있는 기쁨을 위하여 십자가를 참으사 부끄러움을 개의치 아니하시더니 하나님 보좌 우편에 앉으셨느니라

예수님은 우리의 믿음의 주님이시요 우리를 온전하게 하시는 분이십니다. 그러므로 당신이 믿음의 성장을 원하고 주님 앞에서 더 온전하기를 원한다면 주 예수님을 바라보셔야 합니다.

예수님을 바라본다는 것은 그분에게 우리의 마음의 시선을 고정한다는 것입니다.

예수님이 당신의 전부가 될 때까지 주님을 항상 바라보십시오. 마귀가 이것을 방해할 것입니다. 혹시 실패하더라도 다시 눈을 들어 주님을 바라보기를 결단하십시오.

성령님께서 도와주셔서 다시 새 힘을 얻게 될 것입니다. "예수님이 나의 전부입니다."라는 고백을 하게 될 것입니다. 당신은 주님과 함께 부족함이 없는 행복한 인생을 살게 될 것입니다.

오직 예수!!

4월 11일

(고린도후서 5장)
14 그리스도의 사랑이 우리를 강권하시는도다 우리가 생각하건대 한 사람이 모든 사람을 대신하여 죽었은즉 모든 사람이 죽은 것이라

바울의 선교사역에는 수많은 고난과 핍박이 있었습니다.
그럼에도 불구하고 그는 행복하게 자신의 사역을 감당하였습니다. 그것은 바울이 예수님의 사랑을 깊이 깨달았고 그 사랑의 지배를 받고 살았기 때문입니다.

당신은 지금 예수님 안에서 행복하게 인생길을 걸어가고 계십니까? 당신을 사랑하시는 주님의 사랑을 깨달은 만큼 차이가 있을 것입니다.

엡3:18 능히 모든 성도와 함께 지식에 넘치는 그리스도의 사랑을 알고 19 그 너비와 길이와 높이와 깊이가 어떠함을 깨달아 하나님의 모든 충만하신 것으로 너희에게 충만하게 하시기를 구하노라

성령님께서 당신에게 그리스도의 사랑을 더 깊이 알고 해 주시기를 기도하십시오. 주님의 사랑이 당신을 끌고 가실 것입니다.

오직 예수!!

4월 12일

(로마서 6장)
5 만일 우리가 그의 죽으심과 같은 모양으로 연합한 자가 되었으면 또한 그의 부활과 같은 모양으로 연합한 자도 되리라

예수님을 믿는다는 것은 우리가 그리스도 안으로 들어가는 것입니다. 그래서 그분의 경험이 나의 경험이 되는 것입니다.

예수님께서 십자가에서 죽으실 때 우리도 함께 죽고 예수님께서 부활하실 때 우리도 함께 부활하였습니다.
당신이 이제 그리스도와 함께 사는 존재가 된 것입니다.

주님과 함께 사는 것이 당신에게 부담이 아니라 기쁨이 되어야 합니다. 당신이 그리스도 예수를 깊이 알아 갈수록 기쁨의 삶이 극대화될 것입니다.

히3:1 그러므로 함께 하늘의 부르심을 받은 거룩한 형제들아 우리가 믿는 도리의 사도이시며 대제사장이신 예수를 깊이 생각하라

당신 안에 살아 계신 예수님을 날마다 바라보며 생각하십시오.
당신은 그리스도 예수 안에 있습니다.

오직 예수!!

4월 13일

(로마서 15장)
13 소망의 하나님이 모든 기쁨과 평강을 믿음 안에서 너희에게 충만하게 하사 성령의 능력으로 소망이 넘치게 하시기를 원하노라

주님의 기쁨과 평강이 가득한 사람의 마음에는 사단이 역사할 수 없습니다. 그래서 하나님은 당신의 자녀들에게 예수 그리스도 안에서 기쁨과 평강을 부어 주셨습니다.

그런데 많은 성도들이 이 기쁨과 평강을 자주 놓치며 살아갑니다. 왜냐하면 마귀가 우리 마음에 넣어 주는 염려, 두려움, 의심, 세상 욕심…, 이러한 것들에 마음을 빼앗기기 때문입니다.

눅21:34 너희는 스스로 조심하라 그렇지 않으면 방탕함과 술 취함과 생활의 염려로 마음이 둔하여지고 뜻밖에 그날이 덫과 같이 너희에게 임하리라

당신의 마음에 예수님이 주시지 않는 것들이 들어오지 못하도록 잘 지키십시오. 그리고 당신에게 기쁨과 평강을 주시는 성령님께 마음의 시선을 집중하십시오. 당신은 소망이 넘치는 삶을 살게 될 것입니다.

오직 예수!!

4월 14일

(시편 18편)
29 내가 주를 의뢰하고 적군을 향해 달리며 내 하나님을 의지하고 담을 뛰어넘나이다

다윗이 전쟁터에 나갈 때마다 승리한 것은 하나님이 다윗의 손과 발을 강하게 하셨기 때문입니다.
그래서 다윗은 전쟁터에 나갈 때마다 철저하게 하나님을 믿고 의지하였습니다.

우리는 지금 영적 전쟁터에 살고 있습니다. 내 힘으로 싸우면
패할 수밖에 없습니다.
승리의 길은 오직 우리의 힘이 되시는 주님을 온전히 사랑하는 것입니다.

시18:1 나의 힘이신 여호와여 내가 주를 사랑하나이다

자주 실패하는 영역이 있습니까? 극복하기 힘든 어떤 문제가 있습니까?
주님을 만나면 해결됩니다. 배고픔과 간절함으로 주님을 찾으십시오. 주의 손길을 경험하게 될 것입니다. 당신은 승리하게 될 것입니다. 당신은 주의 사랑 안에 있습니다.

오직 예수!!

4월 15일

(창세기 26장)
12 이삭이 그 땅에서 농사하여 그해에 백배나 얻었고 여호와께서 복을 주시므로 13 그 사람이 창대하고 왕성하여 마침내 거부가 되어

이삭은 하나님께 복을 받아 거부가 되었습니다.
당신도 거부가 되고 싶습니까?
우리는 지금 돈이 하나님처럼 여겨지는 시대에 살고 있습니다.

마6:24 한 사람이 두 주인을 섬기지 못할 것이니 혹 이를 미워하고 저를 사랑하거나 혹 이를 중히 여기고 저를 경히 여김이라 너희가 하나님과 재물을 겸하여 섬기지 못하느니라

그러므로 당신이 참으로 원해야 하는 거부는 물질의 거부가 아니라 하나님에 대한 믿음의 거부가 되는 것입니다. 믿음의 거부가 되기 전에 물질의 거부가 되면 시험과 유혹에 빠질 확률이 높기 때문입니다.
먼저 하나님과의 친밀함을 통해서 당신 안에 있는 탐심을 버리고 믿음의 거부가 되십시오. 그러면 물질의 거부가 되어도 그것에 마음을 빼앗기지 않고 성령 안에서 의와 평강과 희락이 넘치는 하나님 나라의 삶을 살게 될 것입니다.

오직 예수!!

4월 16일

(요한복음 14장)
16 내가 아버지께 구하겠으니 그가 또 다른 보혜사를 너희에게 주사
영원토록 너희와 함께 있게 하리니

누구든지 예수를 믿으면 성령님이 그 사람 안으로 들어가 함께 사십니다.
그분은 당신을 도와주고 위로해 주시는 보혜사이십니다. 이제 당신에게
필요한 것은 성령님이 함께하심을 믿고 그분과 친밀해지는 것입니다.

갈5:25 만일 우리가 성령으로 살면 또한 성령으로 행할지니

당신이 성령님과 친밀하게 함께 산다면 어떤 상황과 환경에도 담대하게
되고 감사하게 될 것입니다.

당신 안에 살아 계신 성령님이 당신의 전부가 되게 하십시오.
성령님이 당신의 눈을 열어 주셔서 주님을 바라보게 하시고 이 땅에서 천
국을 누리게 하실 것입니다.

성령님이 전부이십니다.

오직 예수!!

4월 17일

(사도행전 5장)
41 사도들은 그 이름을 위하여 능욕 받는 일에 합당한 자로 여기심을 기뻐하면서 공회 앞을 떠나니라

그렇게 겁쟁이였던 제자들이 이렇게 달라진 이유가 무엇입니까? 부활하신 예수님을 만나고 나아가 성령을 받았기 때문입니다. 제자들은 성령님을 통해서 예수님의 부활이 곧 자신들의 부활임을 믿게 된 것입니다.

당신도 마찬가지입니다. 예수님의 부활이 곧 당신의 부활입니다. 이것이 믿어진다면 그것은 당신 안에 성령님이 계시다는 증거입니다. 당신이 부활을 믿는다면 당신은 이미 하늘에 앉은 자입니다.

엡2:6 또 함께 일으키사 그리스도 예수 안에서 함께 하늘에 앉히시니

하늘에 앉은 자로 이 땅에서 살아가십시오.
성령 안에서 의와 평강과 희락이 넘치는 하나님 나라의 삶을 살게 될 것입니다.

오직 예수!!

4월 18일

(갈라디아서 5장)
16 내가 이르노니 너희는 성령을 따라 행하라 그리하면 육체의 욕심을 이루지 아니하리라

하나님은 우리가 육체의 욕심이 아니라 성령님을 따라 살기를 원하십니다. 육체를 따라 살면 우리는 망하게 될 것이지만 성령을 따라 살면 하나님의 아들의 권세를 누리게 됩니다.

롬8:13 너희가 육신대로 살면 반드시 죽을 것이로되 영으로써 몸의 행실을 죽이면 살리니

당신이 성령님께 집중하고 성령님과 친밀한 교제 가운데 살아간다면 당신은 자연스럽게 육체의 욕심과는 멀어지게 될 것입니다.

또한 성령님 안에서 의와 평강과 희락이 넘치는 하나님 나라의 삶을 살게 될 것입니다.

당신은 성령님의 사람입니다.

오직 예수!!

4월 19일

(로마서 8장)

14 무릇 하나님의 영으로 인도함을 받는 사람은 곧 하나님의 아들이라

당신이 예수님을 믿고 하나님으로부터 다시 태어났다면 당신은 하나님의 의입니다.

고후5:21 하나님이 죄를 알지도 못하신 이를 우리를 대신하여 죄로 삼으신 것은 우리로 하여금 그 안에서 하나님의 의가 되게 하려 하심이라

하나님의 의가 되었다는 것은 당신이 하나님의 생명을 가진 자가 되었다는 것입니다.

이제 당신 안에는 하나님의 생명이신 성령님이 계신다는 것입니다. 당신은 이제 하나님의 영의 인도함을 받는 하나님의 아들입니다. 당신이 성령님과 친밀함 속에서 살아간다면 당신을 통하여 하나님의 생명이 흘러가게 될 것입니다.

당신을 통해 영혼들이 살아나고 회복되는 것을 보게 될 것입니다.

오직 예수!!

4월 20일

(누가복음 24장)
49 볼지어다 내가 내 아버지께서 약속하신 것을 너희에게 보내리니 너희는 위로부터 능력으로 입혀질 때까지 이 성에 머물라 하시니라

당신은 성령을 받기 위해 기다릴 필요가 없습니다. 당신이 예수를 믿는다면 당신 안에는 성령님이 이미 계시기 때문입니다.

문제는 당신이 당신 안에 계신 성령님과 얼마나 친밀한 관계 가운데 있느냐 하는 것입니다. 능력 있는 삶의 차이는 여기에서 결정됩니다.

빌4:13 내게 능력 주시는 자 안에서 내가 모든 것을 할 수 있느니라

성령님을 깊이 생각하고 성령님께 시간과 마음과 몸을 드리십시오. 말씀과 기도로 하나님 앞에 머물러 있기를 즐기십시오. 당신은 거룩함을 누릴 것이며 성령님의 능력의 통로로 쓰임 받게 될 것입니다.

성령님이 당신 안에 살아 계십니다.

오직 예수!!

4월 21일

(로마서 10장)
10 사람이 마음으로 믿어 의에 이르고 입으로 시인하여 구원에 이르느니라

당신이 예수님을 마음으로 믿고 입으로 시인하는 그 순간 하나님의 말씀의 진리가 현실로 이루어집니다. 당신은 구원을 받은 것입니다. 이제 당신은 하나님의 보호하심을 받게 됩니다.

요10:28 내가 그들에게 영생을 주노니 영원히 멸망하지 아니할 것이요 또 그들을 내 손에서 빼앗을 자가 없느니라

이제 누구도 당신을 하나님의 손에서 빼앗을 수 없습니다.
하나님이 당신의 인생을 책임지시고 모든 삶의 역경에서 구원해 주실 것입니다.

하나님을 더욱더 믿고 의지하십시오.
하나님의 구원의 은혜가 당신이 주님 앞에 서는 그날까지 전 영역에서 나타날 것입니다.

당신은 영생을 가진 자입니다.

오직 예수!!

4월 22일

(데살로니가전서 5장)
16 항상 기뻐하라 17 쉬지 말고 기도하라 18 범사에 감사하라 이것이 그리스도 예수 안에서 너희를 향하신 하나님의 뜻이니라

하나님의 뜻은 우리가 항상 기뻐하며 범사에 감사하는 삶을 사는 것입니다. 이러한 삶을 위해서 우리에게 필요한 것은 쉬지 말고 기도하는 것입니다.

기도가 중요한 것은 기도를 통해서 우리가 하나님의 은혜를 받게 되기 때문입니다. 하나님의 은혜가 당신의 마음과 생각을 지배할 때 당신은 기뻐하고 감사할 수 있습니다.

히4:16 그러므로 우리는 긍휼하심을 받고 때를 따라 돕는 은혜를 얻기 위하여 은혜의 보좌 앞에 담대히 나아갈 것이니라

은혜의 보좌 앞에 날마다 나아가 때를 따라 돕는 은혜를 구하십시오.

당신은 어떤 상황에도 기뻐하고 감사하게 될 것입니다.

오직 예수!!

4월 23일

(로마서 6장)
14 죄가 너희를 주장하지 못하리니 이는 너희가 법 아래에 있지 아니하고 은혜 아래에 있음이라

당신은 하나님의 은혜 아래 있는 자입니다. 당신이 은혜 아래 있다는 것은 하나님께서 당신을 언제나 사랑의 눈으로 바라보시고 대하신다는 것입니다.

하나님의 사랑을 의심하지 마십시오. 당신이 하나님의 사랑을 의심할 때 믿음도 약화되고 은혜에서 멀어지게 될 것입니다. 삶이 힘들고 어려워 하나님의 사랑이 의심되십니까? 당신의 감정에 반응하지 말고 말씀을 믿으십시오.

롬8:39 높음이나 깊음이나 다른 어떤 피조물이라도 우리를 우리 주 그리스도 예수 안에 있는 하나님의 사랑에서 끊을 수 없으리라

그 무엇도 당신을 하나님의 은혜 즉 사랑에서 끊을 수 없습니다. 진리 위에 굳게 서서 잠잠히 기다리십시오.

하나님의 은혜가 당신을 이끌고 있음을 알게 될 것입니다.

오직 예수!!

4월 24일

(사도행전16장)
31 이르되 주 예수를 믿으라 그리하면 너와 네 집이 구원을 받으리라
하고

구원은 하나님의 아들이신 예수님께서 이루신 것을 믿음으로 받습니다.
우리가 할 일은 그저 믿고 받는 것입니다.

당신은 구원을 선물로 받으셨습니까? 그렇다면 이제 당신은 하나님의 자
녀입니다.

하나님의 사랑받는 자녀로서의 자아상을 말씀 안에서 세워 가십시오. 당
신의 자아상이 당신의 인생을 결정할 것입니다.

말씀이 말하는 대로 믿고 말하고 행동하십시오.

행20:32 지금 내가 여러분을 주와 및 그 은혜의 말씀에 부탁하노니 그
말씀이 여러분을 능히 든든히 세우사 거룩하게 하심을 입은 모든 자
가운데 기업이 있게 하시리라

말씀이 삶의 전 영역에서 당신을 지키시고 붙드시고 형통하게 하실 것입
니다.

오직 예수!!

4월 25일

(욥기 1장)
21 이르되 내가 모태에서 알몸으로 나왔사온즉 또한 알몸이 그리로 돌아가올지라 주신 이도 여호와시요 거두신 이도 여호와시오니 여호와의 이름이 찬송을 받으실지니이다 하고

인간적으로 하나님을 원망하고 불평해도 충분히 이해되는 상황이지만 욥은 도리어 하나님께 찬송, 즉 감사를 드립니다.

당신이 욥처럼 힘든 상황에서도 감사를 선택한다면 하나님은 당신의 믿음의 선택을 보시고 "네가 나를 믿고 감사를 선택하였구나 참 잘했다." 하면서 당신을 칭찬하시고 안아 주실 것입니다.

살전5:18 범사에 감사하라 이것이 그리스도 예수 안에서 너희를 향하신 하나님의 뜻이니라

하나님을 신뢰하고 어떤 상황에도 감사하십시오.

감사가 하나님의 마음을 감동시키고 그로 인해 당신은 하나님과 더 친밀하게 될 것입니다.

감사는 선택입니다.

오직 예수!!

4월 26일

(고린도후서 5장)
17 그런즉 누구든지 그리스도 안에 있으면 새로운 피조물이라 이전 것은 지나갔으니 보라 새것이 되었도다

당신은 새로운 피조물입니다.
이 말은 당신은 하나님의 생명으로 새롭게 태어난 거룩하고 의로운 존재라는 것입니다. 문제는 사람들이 자신을 이렇게 보지 않는다는 것입니다. 당신은 자신을 어떻게 평가하십니까? 당신의 자존감을 높이십시오. 당신의 가치는 그리스도의 가치이기 때문입니다.

하나님은 예수님을 보시듯 당신을 보십니다.
하나님은 예수님을 사랑하시듯 당신을 사랑하십니다.

습3:17 너의 하나님 여호와가 너의 가운데에 계시니 그는 구원을 베푸실 전능자이시라 그가 너로 말미암아 기쁨을 이기지 못하시며 너를 잠잠히 사랑하시며 너로 말미암아 즐거이 부르며 기뻐하시리라 하리라

하나님의 사랑받는 존재로서의 자아상을 세우십시오. 당신은 그리스도 안에서 매력 있는 사람입니다.

오직 예수!!

4월 27일

(민수기 20장)
3 백성이 모세와 다투어 말하여 이르되 우리 형제들이 여호와 앞에서 죽을 때에 우리도 죽었더라면 좋을 뻔하였도다

이스라엘 백성들은 하나님의 능력을 직접 보고 경험했음에도 불구하고 조금만 힘들면 죽겠다고 불평하였습니다.

이들의 불평의 원인은 무엇일까요? 여러 가지 이유를 들 수 있지만 정말 중요한 것은 그들이 개인적으로 하나님을 알지 못하고 나아가 하나님과의 교제를 놓쳤기 때문입니다.

호4:6 내 백성이 지식이 없으므로 망하는도다 네가 지식을 버렸으니 나도 너를 버려 내 제사장이 되지 못하게 할 것이요 네가 네 하나님의 율법을 잊었으니 나도 네 자녀들을 잊어버리리라

당신도 마찬가지입니다. 하나님을 인격적으로 알지 못하고 나아가 하나님과의 친밀한 교제가 약화되면 믿음이 약해지고 그 결과 불평과 원망이 나타납니다. 다른 어떤 것보다도 주님과 교제하며 주님을 알아 가기를 힘쓰십시오. 당신은 어떤 상황에도 감사하는 자가 될 것입니다.

오직 예수!!

4월 28일

(신명기 1장)
31 광야에서도 너희가 당하였거니와 사람이 자기의 아들을 안는 것같이 너희의 하나님 여호와께서 너희가 걸어온 길에서 너희를 안으사 이곳까지 이르게 하셨느니라 하나

하나님의 사랑을 의심하지 마십시오. 하나님은 언제나 당신 곁에 계셨고 지금도 함께하십니다.

혹시 광야 같은 상황 때문에 하나님의 사랑을 의심하고 계십니까? 말씀 위에 굳게 서십시오. 광야 시간이 힘든 것이지만 하나님이 함께하시면 광야도 부족함이 없는 가나안이 됩니다.

신2:7 네 하나님 여호와께서 네가 하는 모든 일에 네게 복을 주시고 네가 이 큰 광야에 두루 다님을 알고 네 하나님 여호와께서 이 사십 년 동안을 너와 함께하셨으므로 네게 부족함이 없었느니라 하시기로

하나님이 함께하시므로 광야 40년 동안 이스라엘은 부족함이 없었습니다. 당신이 지금 처한 상황이 어떠하든 당신을 안고 계시는 사랑의 하나님을 바라보십시오. 임마누엘의 복을 가진 당신은 부족함이 없는 사람입니다.

오직 예수!!

4월 29일

(신명기 13장)
3 너는 그 선지자나 꿈꾸는 자의 말을 청종하지 말라 이는 너희의 하나님 여호와께서 너희가 마음을 다하고 뜻을 다하여 너희의 하나님 여호와를 사랑하는 여부를 알려 하사 너희를 시험하심이니라

신앙생활은 하나님을 인격적으로 알고 사랑하는 것입니다. 그래서 우리는 매일의 삶에서 하나님과 친밀한 교제를 이루고 나아가 하나님을 인격적으로 사랑하는 자가 되어야 합니다. 우리가 말씀을 통해서 하나님의 성품을 배우고 교제를 통해서 하나님을 사랑하는 자가 될 때 사단의 어떤 시험에도 요동하지 않는 믿음을 소유하게 될 것입니다.

요일5:4 무릇 하나님께로부터 난 자마다 세상을 이기느니라 세상을 이기는 승리는 이것이니 우리의 믿음이니라

사단은 온갖 거짓된 이적과 유혹들을 통해서 계속해서 당신을 공격하고 넘어지게 하려 할 것입니다. 그러나 너무 걱정할 필요가 없습니다. 사단보다 세상보다 크신 하나님이 당신 안에 계십니다. 그분과의 친밀한 사랑의 교제를 놓치지 마십시오. 당신은 승리하게 될 것입니다. 당신은 복된 인생을 살게 될 것입니다.

오직 예수!!

4월 30일

(요한일서 5장)
4 무릇 하나님께로부터 난 자마다 세상을 이기느니라 세상을 이기는 승리는 이것이니 우리의 믿음이니라

하나님께로부터 난 자들, 즉 거듭난 자들은 믿음으로 세상을 이기는 자들입니다. 그리고 이 믿음은 예수께서 하나님의 아들임을 믿는 믿음입니다. 당신이 예수께서 하나님의 아들임을 믿는 믿음을 가지고 있다면 당신은 세상을 이기는 자입니다.

요일5:5 예수께서 하나님의 아들이심을 믿는 자가 아니면 세상을 이기는 자가 누구냐

이것이 당신의 정체성입니다. 그런데 많은 성도들이 이 말씀을 누리지 못하고 있습니다. 혹시 지금 세상에 지고 있습니까?

"세상을 이길 수 있을까 의심하지 말고 이길 수 없을 것 같다고 말하지도 마십시오." 다 사단에게 속는 것입니다.

말씀 위에 굳게 서서 나는 세상을 이기는 자라고 담대히 선포하십시오. 말한 대로 될 것입니다. 당신은 이기는 자입니다.

오직 예수!!

5월

(신명기 5장)

29 다만 그들이 항상 이 같은
마음을 품어 나를 경외하며
내 모든 명령을 지켜서 그들과
그 자손이 영원히
복 받기를 원하노라

5월 1일

(신명기 5장)
29 다만 그들이 항상 이 같은 마음을 품어 나를 경외하며 내 모든 명령을 지켜서 그들과 그 자손이 영원히 복 받기를 원하노라

그리스도인들이 고통과 근심 가운데 사는 것은 하나님 아버지의 뜻이 아닙니다.

하나님은 당신의 자녀들이 이 땅에서 영원히 복을 누리기를 원하십니다. 당신이 항상 하나님을 사랑하는 마음을 품고 산다면 그렇게 살게 될 것입니다. 하나님으로부터 멀어지게 하는 사단의 시험과 유혹을 담대하게 이겨 내십시오.

마26:41 시험에 들지 않게 깨어 기도하라 마음에는 원이로되 육신이 약하도다 하시고

당신의 복이 되시는 하나님과 친밀한 사귐을 가지십시오. 당신은 주님과 함께 행복한 날들을 보내게 될 것입니다.

당신은 하나님께 사랑받고 있습니다.

오직 예수!!

5월 2일

(시편 1편)
3 그는 시냇가에 심은 나무가 철을 따라 열매를 맺으며 그 잎사귀가 마르지 아니함 같으니 그가 하는 모든 일이 다 형통하리로다

형통한 인생을 원하십니까?
그렇다면 말씀을 사랑하여 주야로 묵상하십시오.

말씀은 생명의 떡입니다. 영적으로 힘들 때, 삶의 문제가 있을 때 생명의 떡인 말씀을 충분히 드십시오.

회복과 해결의 역사를 경험하게 될 것입니다.
말씀은 당신 인생길의 등이요 빛입니다.

시119:105 주의 말씀은 내 발에 등이요 내 길에 빛이니이다

말씀과 함께 걸어가십시오.
당신은 시냇가에 심은 나무와 같은 인생을 살게 될 것입니다.

당신은 말씀을 가진 자입니다.

오직 예수!!

5월 3일

(요한복음 6장)
38 내가 하늘에서 내려온 것은 내 뜻을 행하려 함이 아니요 나를 보내신 이의 뜻을 행하려 함이니라

내 뜻과 하나님의 뜻이 부딪힐 때 당신은 무엇을 선택하십니까? 당신이 하나님의 자녀라면 당연히 하나님의 뜻을 선택해야 합니다.

문제는 마음은 원하는데 실제로는 그러지 못할 때가 많다는 것입니다. 깨어 기도하십시오. 기도할 때 주의 뜻을 따라 살 수 있는 힘이 주어지기 때문입니다.

마26:39 조금 나아가사 얼굴을 땅에 대시고 엎드려 기도하여 이르시되 내 아버지여 만일 할 만하시거든 이 잔을 내게서 지나가게 하옵소서 그러나 나의 원대로 마시옵고 아버지의 원대로 하옵소서 하시고

예수님은 아버지와의 친밀한 교제를 통해서 철저하게 아버지의 뜻을 따라 사셨습니다. 주님과의 친밀한 교제에 힘쓰십시오. 아버지의 뜻을 따라 살아 아버지의 기쁨과 찬송이 될 것입니다.

오직 예수!!

5월 4일

(사사기 2장)
10 그 세대의 사람도 다 그 조상들에게로 돌아갔고 그 후에 일어난 다른 세대는 여호와를 알지 못하며 여호와께서 이스라엘을 위하여 행하신 일도 알지 못하였더라

사사시대가 발생한 이유는 여호수아의 다음 세대들이 하나님을 알지 못하였기 때문입니다.

기성세대가 다음 세대에게 말씀을 가르치지 않으면 한국 교회의 미래가 없습니다. 하나님을 알지 못한 그들에게 나타난 현상이 무엇입니까?

삿2:11 이스라엘 자손이 여호와의 목전에 악을 행하여 바알들을 섬기며

백성들이 하나님의 목전에서 악을 행하고 우상을 섬기게 되었다는 것입니다. 말씀과 멀어지고 하나님 아는 일을 등한히 하면 누구라도 신앙의 위기가 온다는 사실을 기억해야 합니다.

당신은 하나님을 아는 일과 후손들에게 하나님의 말씀을 가르치는 일에 힘쓰고 계십니까? 당신은 말씀의 사명자입니다.

오직 예수!!

5월 5일

(사도행전 18장)
5 실라와 디모데가 마게도냐로부터 내려오매 바울이 하나님의 말씀에 붙잡혀 유대인들에게 예수는 그리스도라 밝히 증언하니

무엇에 붙잡혀 사십니까?
바울은 말씀에 붙잡혀 살았습니다. 그래서 가는 곳마다 말씀의 실체이신 예수님을 나타내고 전파하였습니다. 내가 붙잡힌 것의 생명이 나를 통해 나타납니다.

세상에 붙잡혀 살면 마귀가 좋아하는 일들이 나를 통해 나타납니다. 그 열매는 부끄러움입니다.

시119:130 주의 말씀을 열면 빛이 비치어 우둔한 사람들을 깨닫게 하나이다

의지적으로 주의 말씀을 열어 읽으십시오. 처음에는 내가 말씀을 붙잡지만 시간이 지나고 나면 말씀이 당신을 붙잡게 될 것입니다. 말씀의 실체이신 예수 그리스도가 당신을 통해 나타나고 전파될 것입니다.

당신은 말씀을 가진 자입니다.

오직 예수!!

5월 6일

(시편 37편)
4 또 여호와를 기뻐하라 그가 네 마음의 소원을 네게 이루어 주시리로다

당신의 마음에 소원을 이루기 원한다면 하나님을 기뻐하십시오. 하나님을 기뻐한다는 것은 하나님 때문에 기뻐하는 것입니다.

당신은 무엇으로 기뻐하십니까? 돈 때문에 기뻐하는 사람은 돈이 없어지면 기쁨도 사라질 것입니다. 세상 것들은 다 그렇습니다. 그런데 하나님은 항상 당신 안에 계십니다. 당신을 떠나지도 버리지도 않습니다.

히13:5 돈을 사랑하지 말고 있는 바를 족한 줄로 알라 그가 친히 말씀하시기를 내가 결코 너희를 버리지 아니하고 너희를 떠나지 아니하리라 하셨느니라

환경이 문제가 아닙니다. 당신이 하나님과 얼마나 친밀하느냐가 문제입니다. 하나님과의 친밀한 관계를 계속해서 추구하십시오.

당신은 어떤 환경에도 상관없이 하나님 때문에 기뻐하게 될 것입니다.

오직 예수!!

5월 7일

(시편 40편)
8 나의 하나님이여 내가 주의 뜻 행하기를 즐기오니 주의 법이 나의 심중에 있나이다 하였나이다

예수님이 철저하게 아버지의 뜻을 따라 살았듯이 우리도 하나님의 뜻을 따라 살아야 합니다.
시편 기자는 주의 뜻 행하기를 즐긴다고 고백하고 있습니다.

당신도 이렇게 고백하고 계십니까?
그렇지 못하다면 이유는 주의 말씀이 당신 심중에 있지 않기 때문일 것입니다.

수1:8 이 율법책을 네 입에서 떠나지 말게 하며 주야로 그것을 묵상하여 그 안에 기록된 대로 다 지켜 행하라 그리하면 네 길이 평탄하게 될 것이며 네가 형통하리라

주의 말씀을 날마다 묵상하므로 머리가 아닌 심중에 새기십시오. 주의 말씀이 당신의 마음과 생각을 지배할 때 당신은 기쁨으로 아버지의 뜻을 행하게 될 것입니다.

당신은 주의 뜻을 즐기는 자입니다.

오직 예수!!

5월 8일

(누가복음 11장)
13 너희가 악할지라도 좋은 것을 자식에게 줄 줄 알거든 하물며 너희 하늘 아버지께서 구하는 자에게 성령을 주시지 않겠느냐 하시니라

우리가 믿고 섬기는 하나님은 우리에게 모든 좋은 것을 주시는 좋으신 아버지이십니다.

당신의 필요가 무엇입니까? 담대하게 나아가 구하십시오.
아버지께서 당신의 간구를 들으시고 응답하실 것입니다.

이제 당신이 매일의 삶에서 집중해야 하는 일은 자녀로서 아버지를 존중하는 것입니다.

삼상2:30(하) …나를 존중히 여기는 자를 내가 존중히 여기고 나를 멸시하는 자를 내가 경멸하리라

당신이 하나님을 당신의 좋으신 아버지로 사랑하고 존중할 때 자녀로서 부족함이 없는 인생을 살게 될 것입니다.

당신 안에는 언제나 도우시고 인도하시는 성령님이 계십니다.

오직 예수!!

5월 9일

(사무엘하 5장)
10 만군의 하나님 여호와께서 함께 계시니 다윗이 점점 강성하여 가니라

인생은 하루아침에 완성되지 않습니다.
다윗은 어릴 적에 기름 부음을 받았습니다. 그러나 그가 왕이 되기까지
는 오랜 세월이 걸렸습니다.

중요한 사실은 하나님께서 그와 함께하시므로 계속해서 성장하고 있었
다는 것입니다. 우리의 인생길에 고난도 있고 어려움도 있지만 우리가
잊지 말아야 할 사실은 그리스도 안에서 우리는 자라 가고 있다는 것입니
다. 하나님의 함께하심을 믿고 당신도 하나님 앞에서 살아가십시오.

시16:8 내가 여호와를 항상 내 앞에 모심이여 그가 나의 오른쪽에 계시
므로 내가 흔들리지 아니하리로다

다윗이 점점 강성하여진 것처럼 당신도 점점 강성하여져서 하나님의 기
쁨이 되고 마침내 하나님의 복을 누리게 될 것입니다. 당신은 점점 강성
하여지고 있습니다.

오직 예수!!

5월 10일

(요한복음 4장)

14 내가 주는 물을 마시는 자는 영원히 목마르지 아니하리니 내가 주는 물은 그 속에서 영생하도록 솟아나는 샘물이 되리라

예수님에게는 모든 사람들을 먹일 수 있는 마르지 않는 샘물이 있습니다. 그러므로 당신이 주 예수님 안에 있다면 목마르지 않은 인생을 살게 됩니다. 혹시 목마름을 느끼고 있다면 당신의 마음이 주님 밖으로 나갔기 때문입니다. 그러나 너무 걱정할 필요는 없습니다. 다시 마음을 잡고 주님 안으로 들어가시면 됩니다.

계3:20 볼지어다 내가 문밖에 서서 두드리노니 누구든지 내 음성을 듣고 문을 열면 내가 그에게로 들어가 그와 더불어 먹고 그는 나와 더불어 먹으리라

주님은 언제나 당신을 받아 주실 것입니다. 날마다 주님께로 나아가 그분과 친밀한 교제 가운데 살아가십시오. 그분이 주시는 생수를 마시게 될 것입니다.

당신은 예수님 안에서 의와 평강과 희락이 넘치는 삶을 살게 될 것입니다.

오직 예수!!

5월 11일

(마가복음 1장)
15 이르시되 때가 찼고 하나님의 나라가 가까이 왔으니 회개하고 복음을 믿으라 하시더라

복음은 복된 소식입니다. 이 소식의 내용이 무엇입니까?
하나님의 나라가 이 땅에 임했다는 것입니다.

예수님이 이 땅에 오심이 바로 하나님 나라가 시작된 것입니다. 이제 예수님을 믿는 자는 누구든지 이 땅에서 하나님의 나라를 누리게 됩니다.

롬14:17 하나님의 나라는 먹는 것과 마시는 것이 아니요 오직 성령 안에 있는 의와 평강과 희락이라

하나님 나라의 은혜는 성령님을 통해서 우리에게 주어집니다. 성령님께서 당신 안에 의와 평강과 희락을 부어 주십니다. 그로 인해 당신은 죄를 이기고 의롭게 살게 될 것이며 어떤 상황에도 마음의 평안을 유지하며 범사에 기뻐하는 자가 될 것입니다.

당신이 그리스도를 누리는 만큼 이 은혜는 깊어지고 커질 것입니다. 당신은 하나님의 나라를 가진 자입니다.

오직 예수!!

5월 12일

(열왕기상 17장)
3 너는 여기서 떠나 동쪽으로 가서 요단 앞 그릿 시냇가에 숨고 4 그 시냇물을 마시라 내가 까마귀들에게 명령하여 거기서 너를 먹이게 하리라

좋으신 하나님을 찬양합니다.
하나님은 언제나 어디서나 우리를 돌보시는 좋으신 아버지이십니다. 까마귀들을 사용하셔서 엘리야를 돌보신 하나님을 기억하십시오.

마6:32 이는 다 이방인들이 구하는 것이라 너희 하늘 아버지께서 이 모든 것이 너희에게 있어야 할 줄을 아시느니라

우리의 필요를 아시는 하나님께서 왜 우리를 도우시지 않겠습니까? 염려하지 말고 하나님 앞으로 나아가 그분의 사랑스런 음성을 들으십시오.

좋으신 하나님의 사랑을 알게 되고 마음속에서 감사의 노래가 터져 나올 것입니다. 그러면 된 것입니다. 당신은 부족함이 없는 삶을 살게 될 것입니다.

오직 예수!!

5월 13일

(열왕기상 11장)

4 솔로몬의 나이가 많을 때에 그의 여인들이 그의 마음을 돌려 다른 신들을 따르게 하였으므로 왕의 마음이 그의 아버지 다윗의 마음과 같지 아니하여 그의 하나님 여호와 앞에 온전하지 못하였으니

그렇게 믿음이 좋던 솔로몬도 노년에 신앙의 변질이 왔습니다. 그의 변질의 원인은 여인들의 미혹에 있지만 근본적인 것은 그가 하나님과의 친밀한 교제를 놓쳤기 때문입니다. 솔로몬을 통해서 우리는 한평생 믿음으로 산다는 것이 쉽지 않음을 배우게 됩니다.

끝까지 믿음의 싸움을 잘하기 원하십니까? 당신이 하나님과 친밀한 관계를 우선하고 승리를 위한 하나님의 은혜를 구한다면 주님께서 당신의 소망대로 끝까지 승리하게 하실 것입니다.

시48:14 이 하나님은 영원히 우리 하나님이시니 그가 우리를 죽을 때까지 인도하시리로다

주님의 은혜가 당신을 천국 가는 그날까지 붙잡고 인도하실 것입니다.

오직 예수!!

5월 14일

(로마서 5장)
19 한 사람이 순종하지 아니함으로 많은 사람이 죄인 된 것같이 한 사람이 순종하심으로 많은 사람이 의인이 되리라

아담 때문에 우리가 죄인이 되었듯이 예수님 때문에 우리가 의인이 되었습니다.

우리가 죄인 된 것이 우리의 행위와 상관없듯이 우리가 의인 된 것도 우리의 행위와 상관이 없습니다. 그러므로 당신의 행위 때문에 당신의 신분이 의인이 되었다가 죄인이 되었다가 하지 않습니다.

당신은 살면서 죄를 짓기도 하지만 그럼에도 그리스도 안에서 의인입니다. 당신의 정체성을 정확히 아십시오.

진짜 당신은 그리스도 예수 안에 있는 자입니다.
힘내십시오. 당신은 하나님께 사랑받고 있습니다. 당신은 잘될 것입니다.

당신은 하나님의 사랑받는 자녀입니다.

오직 예수!!

5월 15일

(디모데후서 1장)
7 하나님이 우리에게 주신 것은 두려워하는 마음이 아니요 오직 능력과 사랑과 절제하는 마음이니

마귀는 우리에게 여러 가지 상황들을 통해 두려움을 가져다줌으로 우리의 마음을 낙심케 하려고 합니다. 그러나 두려워하지 마시고 주님의 음성을 들으십시오.

"내가 너에게 삶의 두려움을 이길 수 있는 능력과 사랑과 절제하는 마음을 주었노라."

당신 안에는 세상을 이기고 마귀를 이길 수 있는 능력이 있습니다.

엡1:19 그의 힘의 위력으로 역사하심을 따라 믿는 우리에게 베푸신 능력의 지극히 크심이 어떠한 것을 너희로 알게 하시기를 구하노라

말씀 묵상을 통해 그 능력이 얼마나 큰지를 알아 가십시오. 당신이 진리를 아는 만큼 당신은 누리게 될 것이고 당신은 세상이 감당치 못할 하나님의 사람으로 살게 될 것입니다.

오직 예수!!

5월 16일

(시편 34편)

11 너희 자녀들아 와서 내 말을 들으라 내가 여호와를 경외하는 법을 너희에게 가르치리로다

우리는 하나님을 경외하는 법을 배워야 합니다. 하나님을 경외하는 것은 성도의 마땅한 바이며 나아가 우리가 이 땅에서 잘되는 길이기 때문입니다.

시34:9 너희 성도들아 여호와를 경외하라 그를 경외하는 자에게는 부족함이 없도다

당신이 하나님의 말씀을 열고 읽을 때 그리고 잠잠히 주님을 바라볼 때 주님의 음성을 듣게 될 것입니다.

당신은 하나님의 선하시고 기뻐하시고 온전하신 뜻을 알아 하나님을 경외하는 자가 될 것입니다. 이것이 깊어질수록 당신은 하나님을 더 경외하게 될 것이며 당신은 부족함이 없는 삶을 살게 될 것입니다.

당신은 주님의 음성을 듣는 자입니다.

오직 예수!!

5월 17일

(히브리서 10장)
10 이 뜻을 따라 예수 그리스도의 몸을 단번에 드리심으로 말미암아 우리가 거룩함을 얻었노라

진리를 알 때 우리는 자유하게 됩니다. 그러므로 우리는 진리의 말씀대로 자신을 볼 수 있어야 합니다. 당신은 거룩하십니까? 진리를 안다면 당신은 '네'라고 대답해야 합니다. 하나님께서 당신을 거룩하다고 하시고 그렇게 보시기 때문입니다.

"나의 삶의 모습은 엉망이야 하지만 나는 거룩해."

이것이 당신의 고백이 되어야 합니다. 당신이 이렇게 믿음으로 진리를 선포할 때 당신은 실제로 거룩함을 누리게 됩니다. 이것은 모든 영역에서 똑같이 적용됩니다. 말을 바꾸십시오. 하나님이 당신을 보시듯 당신도 자신을 바라보십시오. 진리가 당신을 자유롭게 하는 것을 경험하게 될 것입니다.

요8:32 진리를 알지니 진리가 너희를 자유롭게 하리라

당신은 그리스도 안에서 거룩합니다.

오직 예수!!

5월 18일

(히브리서 10장)
14 그가 거룩하게 된 자들을 한 번의 제사로 영원히 온전하게 하셨느니라

하나님이 그리스도인들을 보는 관점을 우리는 정체성이라 부릅니다. 그리고 내가 나를 보는 관점을 우리는 자아상이라고 부릅니다.

우리가 할 일은 정체성과 자아상을 일치되게 하는 것입니다. 그리스도인의 정체성은 거룩한 자요 온전한 자입니다. 그렇다면 지금의 당신의 모습이 어떠하든 당신도 자신을 거룩하고 온전한 자로 보아야 합니다.

고후5:17 그런즉 누구든지 그리스도 안에 있으면 새로운 피조물이라 이전 것은 지나갔으니 보라 새것이 되었도다

예수 그리스도 안에서 당신이 새로운 피조물이 되었음을 잊지 마십시오. 성경적인 자아상을 세우십시오. 당신은 자아상대로 살게 될 것입니다. 당신은 거룩하고 온전한 자입니다.

오직 예수!!

5월 19일

(에베소서 2장)

10 우리는 그가 만드신 바라 그리스도 예수 안에서 선한 일을 위하여 지으심을 받은 자니 이 일은 하나님이 전에 예비하사 우리로 그 가운데서 행하게 하려 하심이니라

하나님이 우리를 그리스도 안에서 새로운 존재로 만드셨습니다. 그래서 성경은 우리를 새로운 피조물이라고 말합니다.

고후5:17 그런즉 누구든지 그리스도 안에 있으면 새로운 피조물이라 이전 것은 지나갔으니 보라 새것이 되었도다

우리는 말씀 묵상을 통해서 우리가 어떤 존재가 되었는지를 확실히 알고 그 위에 굳게 서야 합니다. 말씀을 통해서 당신의 정체성을 새롭게 할 때 당신의 삶은 변화될 것입니다. 당신의 마음에 일어나는 감정이나 생각이 당신의 정체성이 아님을 기억하십시오.

당신은 하나님의 생명으로 새롭게 지음 받았습니다. 당신은 그리스도와 연합된 새로운 존재입니다. 당신은 새로운 사람입니다.

오직 예수!!

5월 20일

(요한일서 5장)

11 또 증거는 이것이니 하나님이 우리에게 영생을 주신 것과 이 생명이 그의 아들 안에 있는 그것이니라

하나님께서 우리에게 당신의 '조에' 생명을 주셨습니다. 이 생명은 인간의 생명이 아니고 하나님의 생명입니다.

그래서 우리는 이 땅에서 예수님처럼 살 수 있습니다.
예수님처럼 사는 길이 무엇입니까?

요6:57 살아 계신 아버지께서 나를 보내시매 내가 아버지로 말미암아 사는 것같이 나를 먹는 그 사람도 나로 말미암아 살리라

예수님께서 아버지로 말미암아 살았던 것처럼 우리도 예수님으로 말미암아 살면 됩니다. 즉 예수님께서 아버지와의 친밀한 교제 가운데 사신 것처럼 우리도 예수님과의 친밀한 교제 가운데 살면 됩니다. 당신이 예수님과 친밀하면 할수록 예수님의 생명이 당신을 통해 나타나며 그것을 누리는 자가 될 것입니다.

오직 예수!!

5월 21일

(마태복음 3장)
17 하늘로부터 소리가 있어 말씀하시되 이는 내 사랑하는 아들이요 내 기뻐하는 자라 하시니라

하나님은 당신을 예수님과 똑같이 사랑하시고 기뻐하십니다. 왜냐하면 당신이 그리스도 예수 안에 있기 때문입니다. 하나님은 당신의 어떠함에 상관없이 존재 자체로 사랑하십니다.

습3:17 너의 하나님 여호와가 너의 가운데에 계시니 그는 구원을 베푸실 전능자이시라 그가 너로 말미암아 기쁨을 이기지 못하시며 너를 잠잠히 사랑하시며 너로 말미암아 즐거이 부르며 기뻐하시리라 하리라

늘 속 썩이던 허물 많은 이스라엘을 향해 선포하시는 하나님 아버지의 사랑의 마음을 묵상해 보십시오.

제발 지금의 상황과 환경 때문에 하나님의 사랑을 의심하지 마십시오. 하나님의 사랑은 끊임없이 당신을 향해 흐르고 있습니다. 그 사랑에 감사하며 그 사랑 때문에 기뻐하십시오. 당신은 하나님의 사랑받는 자녀입니다.

오직 예수!!

5월 22일

(빌립보서 3장)
8 또한 모든 것을 해로 여김은 내 주 그리스도 예수를 아는 지식이 가장 고상하기 때문이라 내가 그를 위하여 모든 것을 잃어버리고 배설물로 여김은 그리스도를 얻고

예수님 안에는 우리가 원하는 모든 것이 있습니다.
그래서 예수님을 얻으면 모든 것을 얻는 것입니다.

바울은 그리스도를 얻기 위해 세상의 모든 것을 배설물로 여겼습니다.
문제는 사람들이 그리스도 예수의 가치를 모른다는 것입니다.

당신은 어떻습니까? 예수님이 당신에게 어떤 존재입니까?

골3:4 우리 생명이신 그리스도께서 나타나실 그때에 너희도 그와 함께 영광 중에 나타나리라

예수님은 당신의 생명이십니다. 당신이 예수님을 깊이 알면 알수록 예수님께 빠지게 될 것입니다. 그리스도를 얻고 그 안에서 발견되기를 사모하십시오. 예수님 한 분이면 충분합니다.

오직 예수!!

5월 23일

(골로새서 3장)

1 그러므로 너희가 그리스도와 함께 다시 살리심을 받았으면 위의 것을 찾으라 거기는 그리스도께서 하나님 우편에 앉아 계시느니라

우리가 예수님을 믿는 순간 우리는 그리스도 안으로 들어가 그리스도와 하나가 됩니다. 그리고 예수님의 경험이 나의 경험이 됩니다. 예수님께서 죽으실 때 우리도 같이 죽었고 예수님께서 살아날 때 우리도 같이 살아났습니다.

이제 우리는 예수님과 함께 하늘에 앉아 있습니다.

엡2:6 또 함께 일으키사 그리스도 예수 안에서 함께 하늘에 앉히시니

당신의 위치를 정확하게 알고 계십시오. 하늘에 있기에 하늘의 것들을 찾고 누리는 자가 되어야 합니다. 당신이 예수 그리스도 안으로 더 깊이 들어갈수록 하늘을 찾는 것이 쉬워질 것입니다. 이것이 풍성할 때 당신은 이 땅에서 하나님 나라를 누리는 삶을 살게 될 것입니다.

오직 예수!!

5월 24일

(요한복음 15장)
4 내 안에 거하라 나도 너희 안에 거하리라 가지가 포도나무에 붙어 있지 아니하면 스스로 열매를 맺을 수 없음같이 너희도 내 안에 있지 아니하면 그러하리라

예수님 안에 거하는 삶을 살고 계십니까?
당신이 예수님 안에 거하지 않으면 당신은 육신의 생각대로 살게 될 것입니다. 육신대로 살면 그 열매는 사망에 속한 부정적인 모든 것들이 될 것입니다.

롬8:6 육신의 생각은 사망이요 영의 생각은 생명과 평안이니라

예수님 밖으로 나가지 마십시오. 예수님 안에 당신이 원하는 모든 것이 있습니다. 당신이 주 예수님께 마음의 시선을 고정할 때 주님의 은혜가 당신을 더욱더 예수님 안으로 이끌어 가실 것입니다.

주님 안에 머물며 주님이 주시는 생수와 만나를 충분히 마시고 먹으십시오. 당신은 주님의 생명과 평안으로 채워져 세상 속에서 주님의 통로로 쓰임 받게 될 것입니다.

오직 예수!!

5월 25일

(요한복음 13장)
1 유월절 전에 예수께서 자기가 세상을 떠나 아버지께로 돌아가실 때가 이른 줄 아시고 세상에 있는 자기 사람들을 사랑하시되 끝까지 사랑하시니라

당신은 하나님의 사랑받는 자녀입니다.

인간들의 사랑은 조건적이지만 하나님의 사랑은 무조건적인 사랑입니다. 무조건적이기에 우리의 어떠함 때문에 그분의 사랑이 변하지 않습니다. 이 사랑을 알고 깨달으면 인생이 달라지고 우리도 하나님을 사랑하게 됩니다.

엡3:18 능히 모든 성도와 함께 지식에 넘치는 그리스도의 사랑을 알고

당신이 머리로만 알고 있는 하나님의 사랑을 마음 깊이 알아지도록 기도하십시오. 성령님께서 알게 하실 것입니다. 당신이 주님의 사랑을 깨닫고 그 사랑에 뿌리를 깊이 박는다면 어떤 문제도 당신을 넘어지게 할 수 없을 것입니다.

당신은 변함없는 하나님의 사랑 안에 있습니다.

오직 예수!!

5월 26일

(느헤미야 8장)

10 느헤미야가 또 그들에게 이르기를 너희는 가서 살진 것을 먹고 단 것을 마시되 준비하지 못한 자에게는 나누어 주라 이날은 우리 주의 성일이니 근심하지 말라 여호와로 인하여 기뻐하는 것이 너희의 힘이니라 하고

하나님을 기뻐하는 것이 당신의 힘입니다.
하나님을 기뻐한다는 것은 하나님으로 만족한다는 것입니다.
하나님 한 분이면 충분하다는 것입니다.

당신의 삶에 발생하는 문제들이 무엇이든 하나님이 당신의 힘이라면 능히 감당할 수 있을 것입니다. 혹시 당신이 적의 공격에 무너졌다면 그것은 하나님이 아닌 다른 것에 마음을 빼앗기기 때문일 것입니다.

시18:1 나의 힘이신 여호와여 내가 주를 사랑하나이다

다윗이 어디를 가든지 승리한 이유를 기억하십시오. 당신이 할 일은 하나님을 더 깊이 알고 사랑하며 그분으로 만족하는 것입니다. 하나님이 당신의 힘이십니다.

오직 예수!!

5월 27일

(골로새서 1장)
13 그가 우리를 흑암의 권세에서 건져 내사 그의 사랑의 아들의 나라로 옮기셨으니

하나님의 은혜를 찬양합시다.
흑암의 권세 아래서 죄의 종노릇하던 우리를 하나님이 건져 주실 뿐 아니라 당신의 아들의 나라로 옮겨 주셨습니다.

예수를 믿음으로 우리의 소속과 위치가 바뀌었습니다. 마귀에게 속한 자에서 하나님께 속한 자로, 흑암의 나라에서 하나님의 나라로 옮겨진 것입니다.

엡2:6 또 함께 일으키사 그리스도 예수 안에서 함께 하늘에 앉히시니

당신의 소속이 어디인지, 어디에 위치해 있는지 정확하게 기억하십시오. 당신이 예수님과의 친밀한 교제에 집중할수록 그 나라의 백성으로서의 자부심이 깊어질 것입니다. 당신은 성령 안에서 의와 평강과 희락이 넘치는 하나님 나라의 삶을 누리게 될 것입니다. 당신은 하늘에 속한 자입니다.

오직 예수!!

5월 28일

(히브리서 13장)
5 돈을 사랑하지 말고 있는 바를 족한 줄로 알라 그가 친히 말씀하시기를 내가 결코 너희를 버리지 아니하고 너희를 떠나지 아니하리라 하셨느니라

예수님을 믿으면서도 삶의 어려움 때문에 낙심하고 힘들어하는 분들이 많습니다. 당신도 혹시 삶의 문제들로 힘들어하십니까? 하나님의 음성을 들으십시오.

"내가 결코 너를 버리지 아니하고 떠나지 아니하리라."

전능하신 하나님이 당신과 함께하시겠다고 약속하십니다. 이 말씀이 당신의 마음에 믿어질 때까지 묵상하고 또 묵상하십시오. 하나님의 말씀은 변하지 않는 진리입니다. 즉 하나님은 거짓말을 하지 않으신다는 것입니다.

요8:32 진리를 알지니 진리가 너희를 자유롭게 하리라

당신이 진리의 말씀을 알면 알수록 삶의 많은 문제에서 자유함을 누리게 될 것입니다.

오직 예수!!

5월 29일

(시편 73편)
28 하나님께 가까이함이 내게 복이라 내가 주 여호와를 나의 피난처로 삼아 주의 모든 행적을 전파하리이다

인간의 마음은 깊은 심연과 같아서 세상 것으로는 다 채워지지 않습니다. 세상의 권력과 재물과 영광을 가져도 참된 만족을 누리지 못하는 이유가 여기에 있습니다.

누가 인간의 마음을 충족시켜 줄 수 있습니까? 네 하나님이십니다. 이제 세상의 헛된 것들로 당신의 마음을 채우려 하지 마시고 당신에게 참된 만족과 행복을 주시는 하나님으로 가득 채우십시오.

시73:25 하늘에서는 주 외에 누가 내게 있으리요 땅에서는 주 밖에 내가 사모할 이 없나이다

하늘과 땅에 내가 사모할 분은 하나님밖에 없다고 고백되어질 때까지 당신의 마음을 주님으로 채우고 또 채우십시오. 당신은 세상 것의 유무에 상관없이 주님으로 인하여 행복한 인생을 살게 될 것입니다.

오직 예수!!

5월 30일

(마태복음 14장)
30 바람을 보고 무서워 빠져 가는지라 소리 질러 이르되 주여 나를 구원하소서 하니

신앙생활은 우리의 생명 되시는 주님께 마음의 시선을 고정하여 사는 것입니다. 그러므로 당신의 마음의 시선을 잘 다스리십시오.

주님을 보느냐 다른 것을 보느냐는 당신의 결정입니다. 당신이 늘 주님을 바라본다면 주님과 함께 물위를 걷는 축복의 삶을 살게 될 것입니다. 그러나 주님이 아닌 환경을 본다면 사단의 올무에 빠져 허우적거릴 것입니다.

벧후3:18 오직 우리 주 곧 구주 예수 그리스도의 은혜와 그를 아는 지식에서 자라 가라 영광이 이제와 영원한 날까지 그에게 있을지어다

당신의 시선이 늘 주 예수님께 고정되도록 주님의 은혜와 지식에서 자라 가십시오. 당신은 예수님의 거룩한 신부입니다.

오직 예수!!

5월 31일

(시편 75편)
1 하나님이여 우리가 주께 감사하고 감사함은 주의 이름이 가까움이
라 사람들이 주의 기이한 일들을 전파하나이다

적군이 쳐들어오는 위기의 상황 속에서도 지금 시인은 하나님께 감사의
고백을 드리고 있습니다. 그가 이렇게 감사할 수 있는 것은 하나님을 믿
었기 때문입니다. "주의 이름이 가까움이라"라는 것은 하나님의 개입이
임박했다는 것입니다. 시인은 하나님이 역사하실 것을 믿은 것입니다.

열하19:35 이 밤에 여호와의 사자가 나와서 앗수르 진영에서 군사 십팔
만 오천 명을 친지라 아침에 일찍이 일어나 보니 다 송장이 되었더라

하나님께서 일하셨습니다. 하나님은 언제나 당신의 상황을 알고 계실 뿐
아니라 도우십니다. 지금 삶이 힘들고 어려워도 상황을 바라보지 마시고
환경 속에서 일하시는 하나님을 바라보며 그분께 감사하고 또 감사하십
시오.

하나님의 능력의 손길을 보게 될 것입니다.

오직 예수!!

6월

(고린도후서 4장)

7 우리가 이 보배를 질그릇에 가졌으니

이는 심히 큰 능력은 하나님께 있고

우리에게 있지 아니함을 알게 하려 함이라

6월 1일

(고린도후서 4장)
7 우리가 이 보배를 질그릇에 가졌으니 이는 심히 큰 능력은 하나님께 있고 우리에게 있지 아니함을 알게 하려 함이라

당신은 약하지만 당신 안에 주님이 계시다면 당신은 세상을 능히 이길 수 있는 강한 자입니다. 왜냐하면 하나님이 세상 어떤 존재보다 크시기 때문입니다.

요일4:4 자녀들아 너희는 하나님께 속하였고 또 그들을 이기었나니 이는 너희 안에 계신 이가 세상에 있는 자보다 크심이라

능력의 근원 되시는 하나님이 당신 안에 거하고 계심을 잊지 마십시오. 그분이 당신 편이십니다. 그 누구도 그 무엇도 두려워하지 마십시오.

당신이 당신 안에 계신 하나님을 보배로 여기고 그분과 친밀하게 교제할 때 당신도 세상에서 빛나게 될 것입니다.

당신은 보배를 가진 자입니다.

오직 예수!!

6월 2일

(고린도후서 6장)
10 근심하는 자 같으나 항상 기뻐하고 가난한 자 같으나 많은 사람을 부요하게 하고 아무것도 없는 자 같으나 모든 것을 가진 자로다

왜 예수님을 믿으면서도 근심과 가난과 부족함에 빠져 낙심하는 사람이 많습니까? 자신이 그리스도 안에서 누구인지를 모르기 때문입니다. 성경이 말하는 당신의 정체성은 ~항상 기뻐하는 자요 ~많은 사람을 부요하게 하는 자요 ~모든 것을 가진 자입니다.

이 진리를 믿고 날마다 선포하십시오. 지금 현실에 근심된 일이 많습니까? 낙심하지 마시고 말씀대로 나는 항상 기뻐하는 자라고 선포하십시오.

롬10:10 사람이 마음으로 믿어 의에 이르고 입으로 시인하여 구원에 이르느니라

현실을 부정하라는 것이 아니라 모든 것을 합력하여 선을 이루시는 하나님을 믿는 믿음의 말을 하라는 것입니다. 당신이 고백한 대로 마음에서 기쁨이 솟아오를 것입니다.

오직 예수!!

6월 3일

(이사야 30장)

18 그러나 여호와께서 기다리시나니 이는 너희에게 은혜를 베풀려 하심이요 일어나시리니 이는 너희를 긍휼히 여기려 하심이라 대저 여호와는 정의의 하나님이심이라 그를 기다리는 자마다 복이 있도다

하나님께서 당신에게 은혜와 긍휼을 베푸시려고 기다리십니다. 다른 어떤 사역보다 하나님 앞에 나아가 그분과 교제하는 시간이 중요함을 잊지 마십시오. 많은 사람들이 자기 일에 바쁘고 사역에 바빠 하나님 앞에 조용히 나아가 그분과 교제하는 시간을 놓치고 있습니다. 우리가 세상의 유혹과 사단의 공격 앞에 쉽게 넘어지는 이유가 여기에 있습니다.

시62:1 나의 영혼이 잠잠히 하나님만 바람이여 나의 구원이 그에게서 나오는도다

하나님 앞에 나아가 잠잠히 주님을 바라보며 기다려 보십시오. 영적 힘이 당신에게 부어질 것입니다. 그 힘으로 당신은 삶의 역경을 이기고 승리의 깃발을 휘날리게 될 것입니다.

주님이 당신을 기다리십니다.

오직 예수!!

172

6월 4일

(예레미야애가 3장)
26 사람이 여호와의 구원을 바라고 잠잠히 기다림이 좋도다

하나님은 언제나 변함없이 당신을 사랑하십니다. 그리고 당신의 형편과 사정을 다 알고 계시며 도우실 수 있는 분이십니다. 이 사실을 확실히 믿는 것이 중요합니다. 그래야 하나님을 기다릴 수 있기 때문입니다.

지금 고난 속에 계십니까?

하나님을 바라보며 기다리십시오. 하나님은 하나님의 때에 반드시 역사하십니다. 문제 앞에 두려워하거나 낙심하지 말고 주님의 임재 안에 가만히 머물며 기다리십시오.

(시편 46편)
10 이르시기를 너희는 가만히 있어 내가 하나님 됨을 알지어다 내가 뭇 나라 중에서 높임을 받으리라 내가 세계 중에서 높임을 받으리라 하시도다

주님의 구원의 손길을 경험하게 될 것입니다.
당신은 하나님의 기뻐하는 자녀입니다.

오직 예수!!

6월 5일

(디모데후서 2장)
1 내 아들아 그러므로 너는 그리스도 예수 안에 있는 은혜 가운데서 강하고

오늘날 많은 성도들이 영적 싸움에서 실패하고 사단의 유혹에 쉽게 넘어지고 있습니다. 왜 이런 현상이 일어나는 것일까요? 하나님과의 친밀한 교제에 실패하여 은혜가 약화되었기 때문입니다.

히4:16 그러므로 우리는 긍휼하심을 받고 때를 따라 돕는 은혜를 얻기 위하여 은혜의 보좌 앞에 담대히 나아갈 것이니라

우리에게는 때를 따라 돕는 하나님의 은혜가 날마다 필요합니다. 그러므로 하나님과 친밀한 교제를 하는 삶이 일상이 되어야 합니다. 당신이 시시로 은혜의 보좌 앞에 나아가 마음을 토로할 때 주님의 은혜가 충만하게 부어질 것입니다. 그 은혜가 당신을 강하게 하여 승리의 삶을 살게 할 것입니다.

당신은 강한 자입니다.

오직 예수!!

6월 6일

(히브리서 11장)
6 믿음이 없이는 하나님을 기쁘시게 하지 못하나니 하나님께 나아가는 자는 반드시 그가 계신 것과 또한 그가 자기를 찾는 자들에게 상 주시는 이심을 믿어야 할지니라

당신은 하나님이 당신 안에 살아 계심을 믿습니까? 그렇다면 아무것도 두려워할 것이 없습니다. 하나님은 세상보다 크신 분이시기 때문입니다.

혹시 삶에 어려움이 있다면 하나님을 찾으십시오. 하나님께서 당신을 도와주실 것입니다.

암5:4 여호와께서 이스라엘 족속에게 이와 같이 말씀하시기를 너희는 나를 찾으라 그리하면 살리라

기억하십시오. 하나님은 당신을 기뻐하십니다. 하나님은 당신을 존재 자체로 사랑하십니다. 이 진리 위에 굳게 서십시오. 당신은 어떤 상황에도 흔들리지 않는 믿음의 삶을 살게 될 것입니다.

당신은 하나님의 믿음을 가진 자입니다.

오직 예수!!

6월 7일

(호세아 6장)
3 그러므로 우리가 여호와를 알자 힘써 여호와를 알자 그의 나타나심은 새벽빛같이 어김없나니 비와 같이, 땅을 적시는 늦은 비와 같이 우리에게 임하시리라 하니라

신앙생활의 본질은 하나님을 알고 사랑하는 것입니다.
하나님을 아는 것은 그냥 되어지지 않습니다. 그래서 힘쓰라 하시는 것입니다.

당신이 하나님을 아는 것에 우선순위를 두고 살아갈 때 성령님께서 도우실 것입니다.

엡1:17 우리 주 예수 그리스도의 하나님, 영광의 아버지께서 지혜와 계시의 영을 너희에게 주사 하나님을 알게 하시고

당신이 목마름과 배고픔으로 하나님 알기에 집중할 때 모든 상황들을 통해 하나님을 발견하고 알게 될 것입니다.

당신은 하나님 때문에 기뻐하고 즐거워하게 될 것입니다.

오직 예수!!

6월 8일

(베드로전서 5:10)
모든 은혜의 하나님 곧 그리스도 안에서 너희를 부르사 자기의 영원한 영광에 들어가게 하신 이가 잠깐 고난을 당한 너희를 친히 온전하게 하시며 굳건하게 하시며 강하게 하시며 터를 견고하게 하시리라

혹시 지금 고난의 문을 통과하고 계십니까? 아무리 긴 터널이라도 끝이 있습니다. 그러니 주님을 바라보며 힘을 내십시오. 살아 계신 하나님께서 오늘 아침에 당신에게 말씀하십니다.

사43:1 야곱아 너를 창조하신 여호와께서 지금 말씀하시느니라 이스라엘아 너를 지으신 이가 말씀하시느니라 너는 두려워하지 말라 내가 너를 구속하였고 내가 너를 지명하여 불렀나니 너는 내 것이라

당신은 하나님의 것입니다. 그러니 두려워하지 마십시오. 하나님이 당신의 인생을 이끌고 나아가 온전하게 굳건하게 강하게 하실 것입니다.

하나님을 온전히 믿으십시오. 당신은 반드시 잘될 것입니다.

오직 예수!!

6월 9일

(베드로전서 5장)
7 너희 염려를 다 주께 맡기라 이는 그가 너희를 돌보심이라

"염려를 다 주님께 맡기라"는 말속에서 믿는 자도 염려 거리가 생긴다는 것을 알 수 있습니다.

그렇습니다. 세상이 악하기에 믿는 자들에게도 여러 가지 문제들이 발생합니다. 그러나 걱정할 것이 없습니다. 우리에게는 모든 문제의 해결자가 계시기 때문입니다.

단순하게 성경대로 하시면 됩니다. 문제가 무엇이든 다 주님께 맡기십시오. 그러면 주님께서 해결해 주실 것입니다. 우리의 문제는 맡긴다 하면서 도로 그 문제를 가지고 간다는 것입니다. 주님께 맡긴 순간 그 문제는 더 이상 내 것이 아니라 주님의 것임을 기억하십시오.

빌4:6 아무것도 염려하지 말고 다만 모든 일에 기도와 간구로, 너희 구할 것을 감사함으로 하나님께 아뢰라

당신에게 필요한 것은 오직 믿음의 기도와 감사입니다.

오직 예수!!

6월 10일

(고린도후서 1장)

6 우리가 환난 당하는 것도 너희가 위로와 구원을 받게 하려는 것이요 우리가 위로를 받는 것도 너희가 위로를 받게 하려는 것이니 이 위로가 너희 속에 역사하여 우리가 받는 것 같은 고난을 너희도 견디게 하느니라

그리스도인들에게 우연은 없습니다. 우리의 삶에 일어나는 모든 일들 그것이 좋은 일이든 나쁜 일이든 다 이유가 있습니다.

당신이 겪는 일이 무엇이든 하나님은 그것을 통하여 당신을 성숙한 하나님의 사람으로 만들어 가실 것입니다. 그러므로 하나님의 선하심을 믿고 어떤 상황에서도 감사하십시오.

살전5:18 범사에 감사하라 이것이 그리스도 예수 안에서 너희를 향하신 하나님의 뜻이니라

주님의 귀한 도구로 사람들에게 위로와 용기를 주는 자가 될 것입니다.

당신은 하나님의 사랑 안에 있습니다.

오직 예수!!

6월 11일

(로마서 8장)
9 만일 너희 속에 하나님의 영이 거하시면 너희가 육신에 있지 아니하고 영에 있나니 누구든지 그리스도의 영이 없으면 그리스도의 사람이 아니라

당신은 육신에 속한 사람입니까? 영에 속한 사람입니까?
우리의 경험들이 자신을 육신에 속한 자로 생각하게 만들 때가 많습니다. 오늘 본문은 우리 안에 성령님이 계시다면 우리는 영에 속한 자임을 가르치고 있습니다.

당신의 진정한 정체성은 영에 속한 자입니다.
영에 속한 자이기에 영의 생각을 따라 사는 것이 더 쉬운 사람이 된 것입니다. 문제는 우리가 아직도 육신의 생각을 자신이라고 착각하고 그렇게 행동하려고 한다는 것입니다.

영의 생각을 대적하여 공격하는 육신의 생각들을 과감하게 거부하고 거절하십시오. 그리고 영의 생각 즉 말씀대로 생각하고 말하고 행동하는 삶을 훈련하십시오.

영의 생각대로 사는 것이 쉬어질 것입니다.
당신은 삶에서 생명과 평안을 누리게 될 것입니다.

오직 예수!!

6월 12일

(고린도후서 5장)
10 이는 우리가 다 반드시 그리스도의 심판대 앞에 나타나게 되어 각각 선악 간에 그 몸으로 행한 것을 따라 받으려 함이라

우리는 언젠가 그리스도의 심판대 앞에 서게 될 것입니다. 먼저 기억할 것은 그리스도의 심판대는 우리의 구원을 결정하는 것이 아니고 우리의 상급에 관한 것이라는 것입니다.

우리가 구원받은 이후의 삶을 어떻게 살았는지에 대한 평가라 할 수 있습니다. 이것을 알기에 바울은 자기가 사는 동안 하나님을 기쁘시게 하는 자가 되기를 힘쓴다고 고백하고 있습니다.

고후5:9 그런즉 우리는 몸으로 있든지 떠나든지 주를 기쁘시게 하는 자가 되기를 힘쓰노라

당신은 어떻습니까? 혹시 스스로 느끼기에 죄송한 마음이 든다면 지금부터 다시 시작하면 됩니다. 모든 상황에 하나님을 인정하는 믿음과 모든 범사에 감사하기를 결단해 보십시오. 성령님이 도우실 것입니다. 주님 앞에 서는 날 잘했다고 칭찬받게 될 것입니다.

오직 예수!!

6월 13일

(야고보서 4장)
6 그러나 더욱 큰 은혜를 주시나니 그러므로 일렀으되 하나님이 교만한 자를 물리치시고 겸손한 자에게 은혜를 주신다 하였느니라

당신을 위한 하나님의 큰 은혜가 준비되어 있습니다. 그러니 지금 힘들고 어려워도 인내하며 주님을 바라보십시오. 하나님의 때를 인내하며 기다릴 줄 아는 것이 겸손입니다. 배고픔과 목마름으로 주 예수님을 바라보십시오.

마5:6 의에 주리고 목마른 자는 복이 있나니 그들이 배부를 것임이요

의에 주리고 목마른 자가 되십시오.

주님의 은혜가 당신을 사로잡아 영적으로 충만하게 될 것입니다. 그 결과 교만은 벗겨지고 겸손으로 옷 입게 될 것입니다. 겸손의 그릇 속에 더욱 큰 은혜의 소낙비가 쏟아질 것입니다.

당신은 은혜가 다스리는 삶을 살게 될 것입니다.

오직 예수!!

6월 14일

(로마서 13장)
14 오직 주 예수 그리스도로 옷 입고 정욕을 위하여 육신의 일을 도모하지 말라

우리가 새 옷을 입으려면 먼저 입고 있는 헌 옷을 벗어야 합니다. 당신이 그리스도로 옷 입으려면 그리스도와 반대되는 모든 옷들을 벗어 버려야 합니다. 우리의 신앙에 발전이 없는 이유 중의 하나는 그리스도와 반대되는 것들을 벗어 버리지 못하고 가지고 있는 것입니다.

당신 안에 벗어 버리지 못한 옷은 무엇입니까? 하와 안에 아담의 성분만 있는 것처럼 당신 안에 예수님의 성분만 가득하게 하십시오.

예수님 한 분이면 충분하다는 고백이 되어질 때까지 어둠의 일을 벗고 그리스도로 옷 입는 이 과정을 주님이 당신에게 행하실 것입니다. 하나님의 은혜가 이 일을 끌어가시지만 당신의 결단과 순종이 중요함도 잊지 마십시오.

당신은 예수 그리스도로 옷 입은 자입니다.

오직 예수!!

6월 15일

(골로새서 2장)

7 그 안에 뿌리를 박으며 세움을 받아 교훈을 받은 대로 믿음에 굳게 서서 감사함을 넘치게 하라

신앙생활은 믿음과 감사의 삶이라 할 수 있습니다. 예수님에 대한 믿음이 깊어질수록 감사의 삶도 깊어질 것입니다. 감사의 삶이 깊어질수록 당신은 행복한 인생을 살게 될 것입니다.

당신은 지금 풍성한 감사의 삶을 살고 계십니까? 그렇지 않다면 무엇이 문제입니까? 환경과 상황의 문제가 있을 수 있지만 근본적인 문제는 예수님을 충분히 먹지 않았기 때문입니다.

요6:57 살아 계신 아버지께서 나를 보내시매 내가 아버지로 말미암아 사는 것같이 나를 먹는 그 사람도 나로 말미암아 살리라

예수님을 충분히 드십시오. 예수님으로 호흡하고 예수님께 깊이 뿌리를 박으십시오. 당신의 믿음은 솟아오를 것입니다.

당신은 모든 상황에 상관없이 감사하는 자가 될 것입니다.

오직 예수!!

6월 16일

(시편 94편)
14 여호와께서는 자기 백성을 버리지 아니하시며 자기의 소유를 외면하지 아니하시리로다

당신은 하나님의 백성이며 소유입니다.
그러기에 하나님은 당신을 어떤 상황에도 버리지 아니하시며 당신이 처한 상황에 대해서 모른 척하지 아니합니다.

당신이 지금 겪고 있는 상황이 무엇이든 낙심하거나 염려하지 마십시오.
하나님의 선하심을 믿고 도리어 감사로 주님의 마음을 기쁘게 해 드리는 자녀가 되십시오.

주님을 향한 당신의 믿음과 감사가 커질수록 당신의 문제는 당신의 마음에 아무런 영향도 주지 못할 것입니다.

빌4:7 그리하면 모든 지각에 뛰어난 하나님의 평강이 그리스도 예수 안에서 너희 마음과 생각을 지키시리라

당신은 범사에 주의 평강을 누리는 자가 될 것입니다.
당신은 하늘에서 땅을 보는 자입니다.

오직 예수!!

6월 17일

(에스겔 36장)
37 주 여호와께서 이같이 말씀하셨느니라 그래도 이스라엘 족속이 이같이 자기들에게 이루어 주기를 내게 구하여야 할지나 내가 그들의 수효를 양 떼같이 많아지게 하되

당신이 구하지 않아서 하늘 보물 창고에 남아도는 것들이 많이 있음을 아십니까? 당신이 구하지 않아도 하나님이 다 알아서 주실 거라고 생각하십니까? 하나님은 약속에 신실하십니다. 그런데 그 약속이 이루어지기를 우리에게 구하라 하십니다.

요15:7 너희가 내 안에 거하고 내 말이 너희 안에 거하면 무엇이든지 원하는 대로 구하라 그리하면 이루리라

구함은 노동이 아니라 아버지와의 친밀한 교제입니다.

당신이 하나님의 말씀 안에 있다면 무엇이든지 구하십시오. 그러면 이루어질 것입니다.

구함의 특권을 놓치지 마십시오. 당신은 하나님의 사랑받는 자녀입니다.

오직 예수!!

6월 18일

(신명기 8장)
3 너를 낮추시며 너를 주리게 하시며 또 너도 알지 못하며 네 조상들도 알지 못하던 만나를 네게 먹이신 것은 사람이 떡으로만 사는 것이 아니요 여호와의 입에서 나오는 모든 말씀으로 사는 줄을 네가 알게 하려 하심이니라

그리스도인은 이 땅에 살지만 또한 하늘을 사는 자입니다. 그래서 육의 양식도 먹어야 하지만 또한 하늘의 만나인 말씀을 먹어야 합니다.

오늘날 많은 성도들이 세상 것에 빠져 세상 것만을 추구하며 살고 있습니다. 이것이 광야 길을 걷는 그리스도인들이 많은 이유입니다.

하나님의 말씀이 당신의 삶에 중심이 되게 하십시오.
당신이 이 땅에 필요한 것들은 주님이 채워 주실 것입니다.

당신은 세상에 있지만 하늘을 사는 자입니다.

오직 예수!!

6월 19일

(고린도후서 5장)
7 이는 우리가 믿음으로 행하고 보는 것으로 행하지 아니함이로라

그리스도인은 믿음으로 사는 자입니다. 보이는 것에 반응하고 느끼는 것에 반응하는 것은 믿음의 삶이 아닙니다. 그리스도인들이 실패하는 이유 중의 하나가 바로 여기에 있습니다.

당신이 처한 상황이 어떠하든지 그것에 마음을 빼앗기지 마시고, 대신 그 상황을 다스리고 계시는 하나님을 신뢰하십시오.

다니엘은 사자 굴이라는 위기의 상황 속에 놓였지만 그것에 반응하지 않고 하나님을 믿었습니다. 그 믿음이 그에게 하나님의 역사를 경험하게 한 것입니다.

막9:23 예수께서 이르시되 할 수 있거든이 무슨 말이냐 믿는 자에게는 능히 하지 못할 일이 없느니라 하시니

믿음은 반드시 역사합니다. 당신은 하나님의 믿음을 가진 자입니다.

오직 예수!!

6월 20일

(호세아4장)
1 이스라엘 자손들아 여호와의 말씀을 들으라 여호와께서 이 땅 주민과 논쟁하시나니 이 땅에는 진실도 없고 인애도 없고 하나님을 아는 지식도 없고

"이 땅에는 진실도 없고 인애도 없고 하나님을 아는 지식도 없고" 어쩌다 이스라엘이 이렇게 되었습니까? 그들이 하나님을 알지 못하고 가나안의 우상에 빠졌기 때문입니다.

우리도 마찬가지입니다. 우리가 하나님을 알지 못하고 세상 것에 마음을 빼앗겨 산다면 예수님을 믿음에도 불구하고 세상 사람들과 똑같이 살게 될 것입니다. 오늘날 많은 그리스도인들이 세상에서 욕을 먹고 있습니다. 이스라엘을 욕할 것이 아니라 우리도 자신을 돌아보아야 합니다.

고전2:2 내가 너희 중에서 예수 그리스도와 그가 십자가에 못 박히신 것 외에는 아무것도 알지 아니하기로 작정하였음이라

사도바울처럼 당신도 예수님을 알기를 집중하십시오. 당신은 그리스도 안에서 하나님의 찬송이요 영광이 될 것입니다.

오직 예수!!

6월 21일

(로마서 8장)
32 자기 아들을 아끼지 아니하시고 우리 모든 사람을 위하여 내주신 이가 어찌 그 아들과 함께 모든 것을 우리에게 주시지 아니하겠느냐

하나님은 약속에 신실하시며 말하신 대로 이루십니다.
하나님은 자신의 독생자를 주실 만큼 당신을 사랑하십니다.

자신의 가장 귀한 것을 주신 분이 이 땅에서 당신이 필요한 것들을 주시지 않겠습니까? 하나님을 믿으십시오. 아니 하나님의 믿음을 가지십시오.

막11:22 예수께서 그들에게 대답하여 이르시되 하나님을 믿으라

말씀대로 이루어지는 것을 보게 될 것입니다.

다른 어떤 것보다 하나님과의 친밀한 교제를 통해서 하나님을 더 깊이 알고 사랑하십시오.

이 땅에서 하나님의 선하심과 인자하심을 맛보게 될 것입니다.

오직 예수!!

6월 22일

(시편 16편)
8 내가 여호와를 항상 내 앞에 모심이여 그가 나의 오른쪽에 계시므로 내가 흔들리지 아니하리로다

다윗은 목동일 때나 왕일 때나 항상 하나님 앞에서 살았습니다.
그는 항상 하나님을 의식하고 범사에 인정하는 삶을 산 것입니다.

시16:9 이러므로 나의 마음이 기쁘고 나의 영도 즐거워하며 내 육체도 안전히 살리니

기쁨과 즐거움 그리고 요동치 않은 안정된 삶!
하나님 앞에서 사는 자의 고백입니다. 당신도 이렇게 고백하며 살 수 있습니다.

당신 안에 살아 계신 하나님을 항상 의식하고 범사에 인정하는 삶을 사십시오.

당신은 이 땅에서 의와 평강과 희락이 넘치는 하나님 나라를 누리게 될 것입니다.

오직 예수!!

6월 23일

(베드로전서 2장)

24 친히 나무에 달려 그 몸으로 우리 죄를 담당하셨으니 이는 우리로 죄에 대하여 죽고 의에 대하여 살게 하려 하심이라 그가 채찍에 맞음으로 너희는 나음을 얻었나니

예수님이 채찍에 맞음으로 당신은 이미 나음을 얻었습니다. 이것은 이미 이루어진 것입니다. 이제 당신이 할 일은 이 진리를 마음에 새기고 믿는 것입니다.

"당신은 아프게 살지 않아도 됩니다."

몸의 아픔을 당연한 것으로 여기지 마십시오. 의사의 말도 진리는 아닙니다. 하나님의 말씀만이 진리입니다.

믿음은 사실이 아니라 진리 위에 굳게 서는 것입니다.

당신이 치유의 말씀을 계속해서 묵상함으로 당신의 생각을 변화시킨다면 삶에서 치유의 은혜를 누리게 될 것입니다.

당신은 그리스도 안에서 신성한 건강을 누리는 자입니다.

오직 예수!!

6월 24일

(히브리서 4장)
16 그러므로 우리는 긍휼하심을 받고 때를 따라 돕는 은혜를 얻기 위하여 은혜의 보좌 앞에 담대히 나아갈 것이니라

우리는 주님의 은혜로 구원받아 하나님의 사랑받는 자녀가 되었습니다. 우리는 이제 언제든지 담대하게 은혜의 보좌로 나아가 때를 따라 돕는 은혜를 받을 수 있습니다.

우리가 완벽히 행하고 모든 것이 잘 돌아갈 때뿐만 아니라 다 망쳐 버리고 문제가 생겼을 때도 말입니다.

그것은 행위의 보좌가 아니라 은혜의 보좌이기 때문입니다.

롬6:14 죄가 너희를 주장하지 못하리니 이는 너희가 법 아래에 있지 아니하고 은혜 아래에 있음이라

삶의 은혜가 필요하십니까? 지금 바로 하나님께 나아가서 그분의 사랑을 받으십시오.

당신은 하나님의 은혜 아래 있는 자입니다.

오직 예수!!

6월 25일

(마태복음 1장)
21 아들을 낳으리니 이름을 예수라 하라 이는 그가 자기 백성을 그들의 죄에서 구원할 자이심이라 하니라

구원의 은혜를 누리십시오.
구원은 죄에서의 구원만 아니라 죄로 인해 발생하는 모든 문제들에서의 구원도 포함됩니다.

모든 인생 문제의 해결자 되시는 예수님이 당신 안에 살아 계심을 기억하십시오. 당신이 예수님과 친밀하면 할수록 구원의 은총을 더 많이 누리게 될 것입니다.

혹시 돈, 건강, 인간관계에 문제가 있습니까?
그것이 무엇이든 염려하지 말고 주의 이름을 부르십시오.

롬10:13 누구든지 주의 이름을 부르는 자는 구원을 받으리라

구원의 은혜를 받고 누리게 될 것입니다.

당신은 구원받은 자입니다.

오직 예수!!

6월 26일

(빌립보서 1장)
6 너희 안에서 착한 일을 시작하신 이가 그리스도 예수의 날까지 이루실 줄을 우리는 확신하노라

하나님은 우리가 마지막 날까지 진실하고 흠 없이 살기를 원하십니다. 이것이 과연 가능할까요? 인간의 힘만으로는 가능하지 않습니다. 그래서 하나님께서 우리에게 보내 주신 분이 바로 성령님이십니다.

엡4:30 하나님의 성령을 근심하게 하지 말라 그 안에서 너희가 구원의 날까지 인 치심을 받았느니라

당신 안에 살아 계신 성령님께서 당신을 그리스도의 날까지 아름답게 이끌어 가실 것입니다. 이것을 확신하십시오.

이제 당신이 할 일은 성령님을 근심시켜 드리지 않고 성령님과 친밀한 관계 가운데 사는 것입니다. 이 삶이 깊어질수록 당신은 성령님의 인도와 가르침을 풍성하게 받게 될 것입니다.

당신은 온전한 자로 주님 앞에 서게 될 것입니다.

오직 예수!!

6월 27일

(데살로니가전서 5장)
23 평강의 하나님이 친히 너희를 온전히 거룩하게 하시고 또 너희의 온 영과 혼과 몸이 우리 주 예수 그리스도께서 강림하실 때에 흠 없게 보전되기를 원하노라

하나님은 우리를 온전히 거룩하게 하셨습니다.
그런데 우리가 자기 자신을 볼 때 거룩과 거리가 멀다고 느껴집니다. 이 괴리감이 생기는 이유가 무엇일까요? 그것은 우리의 정체성을 제대로 모르기 때문입니다.

히10:10 이 뜻을 따라 예수 그리스도의 몸을 단번에 드리심으로 말미암아 우리가 거룩함을 얻었노라

그리스도 안에 있는 당신은 거룩합니다. 이것이 당신의 정체성입니다. 이제부터 "나는 거룩합니다."라고 고백하십시오.
당신의 영 안에 있는 거룩함이 당신의 혼과 몸에 풀어질 것입니다. 당신의 어떠함에 집중하지 말고 당신을 거룩하게 하셨고 또 거룩하게 보시는 하나님께 집중하십시오.

하나님의 은혜가 당신을 그리스도의 날까지 흠 없는 자로 만들어 가실 것입니다.

오직 예수!!

196

6월 28일

(로마서 4장)
25 예수는 우리가 범죄 한 것 때문에 내줌이 되고 또한 우리를 의롭다 하시기 위하여 살아나셨느니라

당신이 지금 의로워지기를 노력하고 있다면 그것은 당신이 자신을 의롭다고 생각하지 않기 때문일 것입니다. 본문을 잘 보십시오. 예수님이 십자가에서 죽으심으로 당신의 죄가 사해졌고 예수님이 부활하심으로 당신은 외롭게 되었습니다.

당신은 예수님 때문에 의로운 자가 된 것입니다.
의로워지려고 노력하지 말고 의인답게 살기를 노력하십시오.

물론 당신의 육신과 마귀가 방해를 해서 넘어질 수도 있습니다. 그럴지라도 당신이 의롭다는 생각을 바꾸지 마십시오. 당신이 말씀과 기도로 예수님의 은혜와 그를 아는 지식에서 자라 간다면 의롭게 사는 것이 훨씬 더 자연스러워질 것입니다. 중요한 것은 당신은 이미 의로운 자가 되었다는 것입니다. 이것이 당신의 정체성입니다.

당신은 의로운 자입니다.

오직 예수!!

6월 29일

(요한일서 4장)
17 이로써 사랑이 우리에게 온전히 이루어진 것은 우리로 심판 날에 담대함을 가지게 하려 함이니 주께서 그러하심과 같이 우리도 이 세상에서 그러하니라

"주께서 그러하심과 같이 우리도 이 세상에서 그러하니라"

이 말은 우리가 이 세상에서 예수님과 같아진다는 말입니다. 이것이 어떻게 가능합니까? 우리가 그리스도 예수 안으로 들어가기 때문입니다. 당신이 그리스도 예수 안에 있다면 당신은 예수님과 하나가 된 것입니다.

이제 당신은 하나님께 예수님처럼 사랑받는 존재요, 기쁨 받는 자녀가 된 것입니다. 당신도 자신을 그렇게 바라보십시오.

당신 안에 자존감이 높아지고 세상이 감당치 못할 하나님의 사람이 될 것입니다.

당신은 하나님의 사랑받는 자녀입니다.

오직 예수!!

6월 30일

(사도행전 9장)
20 즉시로 각 회당에서 예수가 하나님의 아들이심을 전파하니

예수 믿는 자들을 핍박하던 바울이 다메섹 도상에서 예수님을 만난 이후 즉시로 예수님을 전하는 자로 변화됩니다. 왜냐하면 예수님이 어떤 분이신지를 알게 되었기 때문입니다. 바울은 세월이 흐를수록 예수님께 더 빠져듭니다.

빌3:8 또한 모든 것을 해로 여김은 내 주 그리스도 예수를 아는 지식이 가장 고상하기 때문이라 내가 그를 위하여 모든 것을 잃어버리고 배설물로 여김은 그리스도를 얻고

바울은 모든 것을 포기해서라도 예수 그리스도를 알고 얻기 원했습니다. 당신도 그런 사람이 되고 싶지 않습니까? 예수님을 얻으면 모든 것을 얻는 것입니다. 다른 어떤 것보다 예수님을 알고 얻는 일에 집중하십시오. "어떤 상황에도 예수님 때문에 나는 행복합니다."라고 고백하게 될 것입니다.

당신은 예수님의 신부입니다.

오직 예수!!

7월

(시편 119편)
11 내가 주께 범죄 하지 아니하려 하여
주의 말씀을
내 마음에 두었나이다

7월 1일

(시편 119편)
11 내가 주께 범죄 하지 아니하려 하여 주의 말씀을 내 마음에 두었나이다

하나님의 생명으로 새롭게 태어난 자들은 하나님의 뜻대로 살기를 원하고 또 그렇게 살게 됩니다.

그렇다고 전혀 죄를 짓지 않는 것은 아닙니다. 마귀의 공격과 육신의 연약함 때문에 죄를 짓기도 합니다.

어떻게 하면 죄에서 멀어지고 하나님과 더 가까워지는 삶을 살 수 있을까요? 죄를 묵상하지 말고 하나님의 말씀에 집중하여 마음과 생각을 새롭게 하십시오. 당신은 자연스럽게 죄와 멀어지고 하나님과 가까워지게 될 것입니다.

시119:97 내가 주의 법을 어찌 그리 사랑하는지요 내가 그것을 종일 작은 소리로 읊조리나이다

당신은 하나님의 말씀을 날마다 배불리 먹고 계십니까?
당신은 말씀을 가진 자입니다.

오직 예수!!

7월 2일

(디모데전서 4장)
7 망령 되고 허탄한 신화를 버리고 경건에 이르도록 네 자신을 연단하라

하나님은 경건한 자를 찾으십니다.
경건하다는 것은 신의 성품에 참여하는 것입니다.

경건하기를 원하십니까?
경건에 방해되는 것들 그것이 무엇이든 과감히 버리십시오.

하나님의 말씀을 날마다 읽으십시오. 기도로 날마다 주님과 교제하며
그분이 주시는 생수를 마시십시오.

이것들은 계속해서 해야 하는 일들입니다.
지금부터 시작하십시오. 실패하더라도 다시 시작하십시오. 성령님께서
도울 것입니다.

그분의 성품이 당신 안에 충만하게 흐르게 될 것입니다.
주님의 심장을 가지고 하나님의 의를 나타내는 자가 될 것입니다.

오직 예수!!

7월 3일

(히브리서 3장)
1 그러므로 함께 하늘의 부르심을 받은 거룩한 형제들아 우리가 믿는 도리의 사도이시며 대제사장이신 예수를 깊이 생각하라

당신이 일상에서 예수님을 깊이 생각하며 그분과 친밀하게 동행한다면 반드시 성공적인 인생을 살게 될 것입니다. 반대로 당신이 세상의 권력과 재물과 영광을 가져도 예수님과 상관없는 인생을 산다면 실패하게 될 것입니다.

히12:2 믿음의 주요 또 온전하게 하시는 이인 예수를 바라보자 그는 그 앞에 있는 기쁨을 위하여 십자가를 참으사 부끄러움을 개의치 아니하시더니 하나님 보좌 우편에 앉으셨느니라

언제나 당신의 마음의 시선을 예수님께 향하게 하십시오. 어디에 있든지 예수님을 놓치지 마십시오. 예수님을 얻고 그 안에서 발견되기를 힘쓰십시오.

당신은 성공적인 인생을 살게 될 것입니다.
당신은 예수님 안에 있습니다.

오직 예수!!

7월 4일

(데살로니가전서 5장)
18 범사에 감사하라 이것이 그리스도 예수 안에서 너희를 향하신 하나님의 뜻이니라

하나님은 당신의 자녀들이 모든 일에 감사하기를 바라십니다. 감사할 때 하나님의 은혜가 더해지고 감사할 때 행복한 인생을 살게 되기 때문입니다.

문제는 마음은 원하는데 육신이 약하여 감사가 쉽지 않다는 것입니다. 당신은 어떻습니까? 모든 일에 감사가 되십니까? 잘 안돼도 너무 낙심하지 마십시오. 우리에게는 감사 대장이신 예수님이 계십니다.

히12:2 믿음의 주요 또 온전하게 하시는 이인 예수를 바라보자 그는 그 앞에 있는 기쁨을 위하여 십자가를 참으사 부끄러움을 개의치 아니하시더니 하나님 보좌 우편에 앉으셨느니라

주 예수님을 항상 바라보십시오. 주님께서 당신을 감사하는 사람으로 만들어 주실 것입니다. 주님을 바라보는 눈이 깊어질수록 당신의 감사는 자연스러워질 것입니다.

오직 예수!!

7월 5일

(시편 146편)
1 할렐루야 내 영혼아 여호와를 찬양하라

♬ 찬양하라 내 영혼아 찬양하라 내 영혼아 내 속에 있는 것들아 다 찬양하라!! ♬

힘든 상황에서도 하나님 앞에 머물며 기도하는 당신에게 하나님이 찬송을 주실 것입니다. 당신의 입에서 찬송이 터지는 순간이 바로 하나님의 역사를 경험하는 시간입니다. 힘들고 어려울수록 기도하십시오. 그리고 일어나 기쁨으로 하나님을 찬송하십시오.

행16:25 한밤중에 바울과 실라가 기도하고 하나님을 찬송하매 죄수들이 듣더라

기도 후에 찬송을 잊지 마십시오. 당신이 하나님께 기도하고 찬송할 때 귀신들은 놀라 도망갈 것입니다. 닫힌 문들이 열어지고 매였던 것들이 풀어질 것입니다.

찬송은 응답입니다. 찬송은 감사입니다.
당신은 지금 찬송 생활에 승리하고 계십니까?

오직 예수!!

7월 6일

(시편 34편)
9 너희 성도들아 여호와를 경외하라 그를 경외하는 자에게는 부족함이 없도다

오늘 본문은 하나님을 경외하는 자녀는 부족함이 없는 인생을 살 수 있음을 선포합니다.

하나님은 우리의 목자가 되십니다. 그리고 우리는 그분의 양입니다. 양은 목자의 음성을 듣고 순종할 때 부족함이 없는 삶을 살게 되는 것입니다. 하나님을 경외하는 것은 바로 그분의 음성을 듣고 따라가는 것입니다.

기억하십시오. 자녀의 안정감과 행복은 주님의 사랑 안에서 그분의 음성을 듣고 사는 것입니다.

당신은 날마다 주의 음성을 듣고 계십니까? 은혜의 보좌 앞에 머물러 계십시오. 주의 사랑을 깨달아 알게 될 것입니다.
그 사랑 안에서 부족함이 없는 인생을 살게 될 것입니다.

오직 예수!!

7월 7일

(베드로전서 4장)
8 무엇보다도 뜨겁게 서로 사랑할지니 사랑은 허다한 죄를 덮느니라

말세의 특징 중의 하나가 사랑이 식어진다는 것입니다.
그러나 믿는 자는 더 뜨겁게 사랑해야 합니다.
하나님이 사랑이듯 그분의 자녀인 당신도 사랑이기 때문입니다.

혹시 누군가가 계속 밉고 그 사람의 허물만 보입니까?
사랑이 식어지고 있다는 증거입니다. 모든 것 내려놓고 사랑의 주님께로
나아가 함께 머물러 계십시오. 주님의 사랑이 당신의 마음에 충분히 흘
러 들어올 때까지 계속 머물러 계십시오.

요일4:18 사랑 안에 두려움이 없고 온전한 사랑이 두려움을 내쫓나니
두려움에는 형벌이 있음이라 두려워하는 자는 사랑 안에서 온전히 이
루지 못하였느니라

당신은 사랑함으로 온전하여질 것입니다. 당신은 사랑함으로 하나님의
기쁨이 될 것입니다.

당신은 사랑함으로 행복한 인생을 살게 될 것입니다.

오직 예수!!

7월 8일

(마가복음 5장)
36 예수께서 그 하는 말을 곁에서 들으시고 회당장에게 이르시되 두려워하지 말고 믿기만 하라 하시고

인간에게 발생하는 문제는 돈, 건강, 인간관계 중에 하나입니다.

본문의 회당장은 자기 딸의 건강 문제 때문에 주님께 나아왔습니다. 그리고 돌아오는 길에 딸이 죽었다는 소식을 듣습니다.

그때 주님이 하신 말씀입니다.
"두려워하지 말고 믿기만 하라"입니다.

이 음성은 이 땅의 모든 주의 자녀들에게 주시는 음성이기도 합니다. 이 음성을 당신의 마음에 새기고 또 새기십시오.

지금 당신이 겪는 문제가 무엇입니까? 주님은 다 해결해 주실 수 있습니다. 주님을 온전히 믿으십시오. 마음에 평안이 임할 것입니다. 문제가 도리어 당신에게 주님을 만나는 축복의 기회가 될 것입니다. 당신은 주의 사랑 안에 있습니다.

오직 예수!!

7월 9일

(고린도후서 1장)
3 찬송하리로다 그는 우리 주 예수 그리스도의 하나님이시요 자비의 아버지시요 모든 위로의 하나님이시며

코로나19로 많은 사람들이 고통 가운데 있습니다.

하나님은 이러한 자녀들을 위로하기를 원하십니다. 그리고 그 일을 우리에게 맡기셨습니다. 바울이 고린도 교회에 편지를 쓴 이유도 그것입니다. 하나님의 마음을 전하여 환난 중에 있는 성도들을 위로하기 위함입니다. 당신을 향한 하나님의 마음을 전합니다.

렘29:11 여호와의 말씀이니라 너희를 향한 나의 생각을 내가 아나니 평안이요 재앙이 아니니라 너희에게 미래와 희망을 주는 것이니라

하나님은 당신이 평안 가운데 살기를 원하십니다. 하나님은 당신이 희망 가운데 살기를 원하십니다. 이 말씀으로 힘을 얻으셔서 하나님의 자녀답게 모든 상황에서 서로에게 힘과 위로를 주는 자가 되십시오. 당신은 성령 안에서 주의 영광을 보는 자입니다.

오직 예수!!

7월 10일

(로마서 12장)
6 우리에게 주신 은혜대로 받은 은사가 각각 다르니 혹 예언이면 믿음의 분수대로

하나님께서 우리에게 주신 은사가 다 다릅니다.
분명한 것은 하나님께서는 각자에게 맞는 은사를 주셨다는 것입니다. 그러므로 남의 은사를 보고 부러워하거나 그것에 마음 쓸 필요가 없습니다. 나에게 주신 은사를 발견하고 그 은사대로 하나님을 즐겁게 섬기십시오.

다 아브라함처럼 욥처럼 바울처럼 살 수는 없습니다.
각자의 부르심과 은사가 다르기 때문입니다. 은사보다 그 은사를 주신 주님께 집중하십시오. 당신의 은사가 무엇이든 당신은 즐겁고 기쁘게 주님을 섬기고 따르게 될 것입니다.

롬6:23 죄의 삯은 사망이요 하나님의 은사는 그리스도 예수 우리 주 안에 있는 영생이니라

당신은 하나님의 생명, 즉 영생이라는 최고의 은사를 받은 자입니다.

오직 예수!!

7월 11일

(빌립보서 1장)
11 예수 그리스도로 말미암아 의의 열매가 가득하여 하나님의 영광과 찬송이 되기를 원하노라

하나님의 영광과 찬송이 되는 삶을 살기 원하십니까?
그렇다면 의의 열매를 가득히 맺으십시오.
의의 열매는 어떻게 맺는 것입니까?

요15:4 내 안에 거하라 나도 너희 안에 거하리라 가지가 포도나무에 붙어 있지 아니하면 스스로 열매를 맺을 수 없음같이 너희도 내 안에 있지 아니하면 그러하리라

가지가 나무에 붙어 있어야 열매를 맺듯 우리도 예수님께 붙어 있어야 합니다. 예수님을 떠나서 스스로 열매를 맺을 수 없음을 기억하십시오. 당신이 예수님 안에 거하여 그분으로 살 때 맺어지는 것이 바로 의의 열매입니다. 예수님 안으로 더 깊이 들어가십시오. 열매가 더 풍성해질 것입니다. 그 결과 당신은 하나님의 영광과 찬송이 될 것입니다.

주여!! 의의 열매가 가득하여 하나님의 영광과 찬송이 되게 하소서.

오직 예수!!

7월 12일

(요한복음 6장)
57 살아 계신 아버지께서 나를 보내시매 내가 아버지로 말미암아 사는 것같이 나를 먹는 그 사람도 나로 말미암아 살리라

예수님은 철저하게 아버지로 말미암아 사셨습니다.
당신 스스로 하신 일이 없습니다.
아버지가 보여 주신 대로 들려주신 대로 행동하고 말했습니다.

요5:19 그러므로 예수께서 그들에게 이르시되 내가 진실로 진실로 너희에게 이르노니 아들이 아버지께서 하시는 일을 보지 않고는 아무것도 스스로 할 수 없나니 아버지께서 행하시는 그것을 아들도 그와 같이 행하느니라

사실은 아버지가 예수님을 통해서 사신 것입니다. 우리의 삶도 마찬가지입니다. 내가 사는 것 같지만 사실 예수님이 나를 통해 사시는 것입니다.

당신을 통해 예수님이 풍성하게 나타나기 원하십니까? 그렇다면 내가 죽었음을 인정하고 예수님께 내 삶의 주도권을 드리십시오. 주 예수님이 당신을 통해서 온전히 살게 될 것입니다. 그로 인해 당신은 주님을 보여주는 자가 될 것입니다.

오직 예수!!

7월 13일

(사도행전5장)
41 사도들은 그 이름을 위하여 능욕 받는 일에 합당한 자로 여기심을 기뻐하면서 공회 앞을 떠나니라

그렇게 겁 많던 제자들이 이렇게 달라진 이유가 무엇입니까?
그들이 오순절 날 성령을 충만히 받았기 때문입니다.

당신의 삶이 무미건조하고 영적 전쟁에서 실패하고 있다면 당신 안에 성령님의 역사가 흘러넘치고 있는지 점검하십시오.

엡5:18 술 취하지 말라 이는 방탕한 것이니 오직 성령으로 충만함을 받으라

다른 어떤 것보다 성령님으로 충만해지십시오.
성령께서 당신에게 하나님의 능력을 부어 주실 것입니다. 그로 인해 당신은 상황에 상관없이 기뻐하며 살게 될 것입니다.

당신은 성령님을 모시고 사는 자입니다.

오직 예수!!

7월 14일

(로마서 6장)
4 그러므로 우리가 그의 죽으심과 합하여 세례를 받음으로 그와 함께 장사되었나니 이는 아버지의 영광으로 말미암아 그리스도를 죽은 자 가운데서 살리심과 같이 우리로 또한 새 생명 가운데서 행하게 하려 함이라

하나님의 생명으로 거듭난 우리는 이제 이 생명으로 살아야 합니다. 이 생명으로 산다는 것은 곧 그리스도로 사는 것입니다. 그리스도가 우리의 생명이시기 때문입니다.

골3:4 우리 생명이신 그리스도께서 나타나실 그때에 너희도 그와 함께 영광 중에 나타나리라

이제 당신은 그리스도로 사는 존재가 되었습니다. 사람들이 당신을 통해서 예수님을 보게 될 것입니다.

당신은 어떤 예수님을 보여 주고 계십니까? 미워하는 예수님입니까? 아니면 사랑하는 예수님입니까? 당신이 범사에 예수님을 주님으로 인정하고 살 때 당신을 통해 많은 사람들이 구원의 주님을 보게 될 것입니다. 당신은 없습니다. 주님이십니다.

오직 예수!!

7월 15일

(데살로니가후서 3장)
3 주는 미쁘사 너희를 굳건하게 하시고 악한 자에게서 지키시리라

우리의 주님은 신실하십니다.
이 말은 주님은 믿을 수 있는 분이시라는 것입니다.

그 주님께서 당신에게 말씀하십니다.
"내가 너를 굳건하게 하고 평생을 지켜 줄 것이다."

요일5:18 하나님께로부터 난 자는 다 범죄 하지 아니하는 줄을 우리가
아노라 하나님께로부터 나신 자가 그를 지키시매 악한 자가 그를 만지
지도 못하느니라

신실하신 주님께서 당신을 세상 속에서 믿음이 흔들리지 않도록 굳건하
게 하시고 악한 자가 만지지도 못하게 지키실 것입니다.

주 예수님께 시선을 고정하고 주 예수님만 믿으십시오.
그 누구도 그 무엇도 두려워하지 않게 될 것입니다.
당신은 주님의 보호 아래 있습니다.

오직 예수!!

7월 16일

(요한복음 10장)
28 내가 그들에게 영생을 주노니 영원히 멸망하지 아니할 것이요 또 그들을 내 손에서 빼앗을 자가 없느니라 29 그들을 주신 내 아버지는 만물보다 크시매 아무도 아버지 손에서 빼앗을 수 없느니라

당신은 예수님을 당신의 구주와 주님으로 믿고 고백하셨습니까? 그렇다면 당신은 구원받은 하나님의 자녀입니다.

이제 당신은 영생을 소유한 자입니다. 이제 하나님은 당신의 아버지이십니다. 이제 당신은 하나님의 보호 아래 있기에 누구도 당신을 망하게 하지 못할 것입니다. 하나님의 신실하심을 믿으십시오. 물론 당신은 살면서 실수도 하고 넘어지기도 할 것입니다. 그러나 결코 망하지 않을 것입니다.

딤후2:13 우리는 미쁨이 없을지라도 주는 항상 미쁘시니 자기를 부인하실 수 없으시리라

왜냐하면 당신의 아버지는 언제나 신실하게 당신을 사랑하고 지키실 것이기 때문입니다.

오직 예수!!

7월 17일

(고린도전서 12장)
18 그러나 이제 하나님이 그 원하시는 대로 지체를 각각 몸에 두셨으니

우리는 주님의 몸 된 교회의 지체들입니다.
하나님은 우리들에게 맞는 은사를 주셔서 교회를 섬기게 하셨습니다. 그러므로 각자는 자신에게 주신 은사를 가지고 기쁨으로 교회를 섬기면 됩니다.

다른 사람의 은사와 자신의 것을 비교하여 우쭐해하거나 반대로 낙심할 필요가 없습니다. 하나님이 각자에게 최고의 것을 주셨기 때문입니다. 은사는 자랑하라고 주신 것이 아닙니다. 은사를 잘못 사용하면 도리어 자신에게 해가 될 수도 있음을 알아야 합니다.

고전14:1 사랑을 추구하며 신령한 것들을 사모하되 특별히 예언을 하려고 하라

하나님의 사랑 안에서 당신의 은사를 사용하십시오. 당신은 주님의 성품을 드러내며 하나님의 영광과 찬송이 될 것입니다.

오직 예수!!

7월 18일

(욥기 6장)

10 그러할지라도 내가 오히려 위로를 받고 그칠 줄 모르는 고통 가운데서도 기뻐하는 것은 내가 거룩하신 이의 말씀을 거역하지 아니하였음이라

하나님은 우리가 항상 기뻐하며 사는 것을 원하십니다.
당신은 모든 상황에서 기뻐하십니까?

좋을 때 기뻐하는 것은 누구나 할 수 있습니다. 그러나 고통 가운데서도 기뻐할 수 있어야 합니다. 그것이 가능하다는 것을 욥이 우리에게 보여 주고 있습니다. 사도들도 마찬가지였습니다.

행5:41 사도들은 그 이름을 위하여 능욕 받는 일에 합당한 자로 여기심을 기뻐하면서 공회 앞을 떠나니라

당신도 이렇게 기뻐하며 살 수 있습니다. 주님 안에서 주님과 함께 살면 됩니다. 주님 안에는 충만한 기쁨이 있기 때문입니다.

당신은 주 안에서 항상 기뻐하는 자입니다.

오직 예수!!

7월 19일

(히브리서 4장)
12 하나님의 말씀은 살아 있고 활력이 있어 좌우에 날 선 어떤 검보다
도 예리하여 혼과 영과 및 관절과 골수를 찔러 쪼개기까지 하며 또 마
음의 생각과 뜻을 판단하나니

하나님의 말씀은 살아 있고 운동력이 있습니다.
당신이 이 말씀을 먹을 때마다 당신의 생명력은 증가될 것입니다. 생명
의 말씀을 날마다 묵상하십시오.

수1:8 이 율법책을 네 입에서 떠나지 말게 하며 주야로 그것을 묵상하
여 그 안에 기록된 대로 다 지켜 행하라 그리하면 네 길이 평탄하게 될
것이며 네가 형통하리라

말씀이 당신의 생각과 말과 행동을 지배할 때까지 말씀을 묵상하고 또 묵
상하십시오. 당신이 말씀에 지배되어 말씀 따라 말할 때 그 말이 그대로
이루어질 것입니다.

당신은 그리스도 안에서 형통한 인생을 살게 될 것입니다.
말씀은 영이요 생명입니다.

오직 예수!!

7월 20일

(요한계시록 3장)
20 볼지어다 내가 문밖에 서서 두드리노니 누구든지 내 음성을 듣고 문을 열면 내가 그에게로 들어가 그와 더불어 먹고 그는 나와 더불어 먹으리라

신앙생활은 주님과 가족처럼 함께 사는 것입니다. 예수님께서 죽으신 이유도 우리와 함께 살기 위함이라고 말씀하십니다.

살전5:10 예수께서 우리를 위하여 죽으사 우리로 하여금 깨어 있든지 자든지 자기와 함께 살게 하려 하셨느니라

당신은 24시간 주님과 함께 살고 계십니까?
주님이 당신의 마음의 문을 두드리는 일이 없도록 늘 주님께 집중하십시오. 어정쩡하게 주님을 따르지 마십시오. 주님은 당신의 모든 것을 올인해서 사랑해도 부족함이 없는 분이십니다.

주님은 당신의 생명이십니다.

오직 예수!!

7월 21일

(요한일서 4장)
4 자녀들아 너희는 하나님께 속하였고 또 그들을 이기었나니 이는 너희 안에 계신 이가 세상에 있는 자보다 크심이라

당신은 하나님께 소속된 하나님의 자녀입니다. 무엇보다도 전능하신 하나님이 당신 안에 계심을 기억하십시오. 그분은 당신이 세상에서 겪는 어떤 문제, 어려움보다 크신 분이십니다.

당신을 너무나 사랑하시는 하나님 아버지께서 이 아침에 당신에게 말씀하십니다.

"내가 너와 함께 있으니, 어떤 것도 두려워하지 말아라. 내가 너의 하나님이니, 떨지 말아라. 내가 너를 강하게 하겠다. 내가 너를 도와주고, 내 승리의 오른팔로 너를 붙들어 주겠다."

이 약속을 굳게 잡으십시오.
당신은 그리스도 안에서 세상을 이기게 되고 어떤 상황에도 두려워하지 않고 평강을 누리게 될 것입니다.

당신은 이기는 자입니다.

오직 예수!!

222

7월 22일

(에스겔 3장)
3 내게 이르시되 인자야 내가 네게 주는 이 두루마리를 네 배에 넣으며 네 창자에 채우라 하시기에 내가 먹으니 그것이 내 입에서 달기가 꿀 같더라

당신은 날마다 말씀을 먹고 있습니까?

하나님의 말씀이 당신 안에 풍성히 거하기까지 말씀을 먹으십시오. 말씀을 먹을수록 당신 안에는 말씀의 빛과 생명이 충만해질 것입니다.

시119:105 주의 말씀은 내 발에 등이요 내 길에 빛이니이다

말씀이 당신의 가는 길에 등이 되고 빛이 되어 줄 것입니다.
그로 인해 당신은 형통과 승리의 삶을 살게 될 것입니다.

말씀이 당신의 생각과 말과 행동을 지배할 때까지 말씀을 읽고 또 읽으십시오.

말씀이 하나님이십니다.

오직 예수!!

7월 23일

(골로새서 2장)
15 통치자들과 권세들을 무력화하여 드러내어 구경거리로 삼으시고 십자가로 그들을 이기셨느니라

예수님이 십자가에서 마귀를 무력화하였습니다. 마귀는 이제 패배자입니다. 이제 마귀는 더 이상 당신을 함부로 할 수 없습니다.

마귀가 당신의 생각에 넣어 주는 두려움, 의심, 염려, 부족감에 반응하지 마십시오. 당신은 보좌 우편에 앉아 계신 예수님의 안식에 함께 참여하고 있습니다. 그리스도 안에는 이러한 것들이 존재하지 않습니다.

골1:19 아버지께서는 모든 충만으로 예수 안에 거하게 하시고
골2:3 그 안에는 지혜와 지식의 모든 보화가 감추어져 있느니라

그리스도 안에 있는 하나님의 충만함과 지혜 그리고 지식을 누리십시오. 당신이 예수님과 친밀할수록 이 누림은 커지고 깊어질 것입니다.

오직 예수!!

7월 24일

(요한복음 10장)
10 도둑이 오는 것은 도둑질하고 죽이고 멸망시키려는 것뿐이요 내가 온 것은 양으로 생명을 얻게 하고 더 풍성히 얻게 하려는 것이라

예수님이 이 땅에 오신 이유는 우리에게 풍성한 생명을 주시기 위함입니다.

당신은 이 생명을 받으셨습니까?
그렇다면 당신은 그리스도 예수 안에 있는 하나님의 사랑받는 자녀입니다. 이제 당신은 하나님의 풍성한 생명을 누릴 수 있는 자격이 주어졌습니다. 아버지의 풍성함이 당신의 것입니다.

사33:6 네 시대에 평안함이 있으며 구원과 지혜와 지식이 풍성할 것이니 여호와를 경외함이 네 보배니라

당신이 하나님 아버지를 경외하는 삶을 살수록 이 풍성함의 은혜들이 당신에게 풀어질 것입니다. 주님의 평안과 구원과 지혜와 지식의 풍성함이 당신을 통해 나타나게 될 것입니다. 당신은 하나님의 생명을 가진 자입니다.

오직 예수!!

7월 25일

(로마서 1장)
16 내가 복음을 부끄러워하지 아니하노니 이 복음은 모든 믿는 자에게 구원을 주시는 하나님의 능력이 됨이라 먼저는 유대인에게요 그리고 헬라인에게로다

복음은 복된 소식입니다. 이 소식의 내용이 무엇입니까?
예수님이 이 땅에 오셔서 우리의 죄와 질병을 저주와 가난을 해결하신 것입니다. 예수님이 십자가에서 다 이루셨습니다.

누구든지 예수님을 믿으면 죄와 질병에서 자유, 저주와 가난에서 자유를 누리게 됩니다. 당신이 잘 누리지 못하는 부분이 무엇입니까? 주님께서 이루신 것들을 믿음으로 취하시고 선포하십시오.

롬10:10 사람이 마음으로 믿어 의에 이르고 입으로 시인하여 구원에 이르느니라

하나님의 뜻은 우리가 풍성하게 누리는 것입니다.
당신은 정죄함이 없습니다. 당신은 건강한 자입니다.
당신은 해방되었습니다. 당신은 부족함이 없습니다.

오직 예수!!

7월 26일

(로마서 8장)
1 그러므로 이제 그리스도 예수 안에 있는 자에게는 결코 정죄함이 없나니

당신이 예수님을 믿고 거듭났다면 당신은 이제 그리스도 예수 안에 있는 자입니다. 예수 안에 있다는 것은 예수님과 하나가 되었다는 것입니다. 이제 당신은 하나님께 예수님처럼 대우받는 존재가 된 것입니다.

그러므로 이렇게 고백하십시오.

나는 결코 정죄함이 없다. 나는 주님과 분리되지 않는다. 나는 형통한 인생이다.

이 사실에 아멘 하십시오.
당신의 느낌이나 의견이 중요하지 않습니다. 주님이 그렇다고 하시면 그런 것입니다. 당신이 하나님의 말씀에 동의하면 할수록 당신은 말씀의 실제를 더 많이 경험하게 될 것입니다.

당신은 그리스도 예수 안에 있는 자입니다.

오직 예수!!

7월 27일

(창세기 50장)

20 당신들은 나를 해하려 하였으나 하나님은 그것을 선으로 바꾸사 오늘과 같이 많은 백성의 생명을 구원하게 하시려 하셨나니

하나님은 모든 상황에서 일하십니다. 요셉은 자기를 해한 형제들을 용서합니다. 왜냐하면 하나님의 시각으로 상황을 바라보았기 때문입니다.

당신도 이러한 시각을 가져야 합니다. 당신이 처한 상황이 나쁘게 보이고 느낌도 나쁘니 나쁜 일이라고 말한다면 그 결과도 나쁘게 나타날 것입니다. 그러나 당신이 그런 상황에서 "하나님이 선하게 바꾸신다."라는 믿음의 말을 한다면 하나님의 선하심을 보게 될 것입니다.

하나님의 관점으로 사건과 상황을 보는 자가 되십시오.

지금 상황이 너무 힘드십니까? 그래도 하나님이 모든 일을 선하게 하심을 믿고 도리어 넘치는 감사로 하나님을 찬양하십시오. 당신의 믿음의 고백은 반드시 역사합니다.

오직 예수!!

7월 28일

(사도행전 1장)
8 오직 성령이 너희에게 임하시면 너희가 권능을 받고 예루살렘과 온 유대와 사마리아와 땅끝까지 이르러 내 증인이 되리라 하시니라

예수님의 제자들이 달라졌습니다. 겁 많고 두려움 많던 그들이 강하고 담대해졌습니다. 고난과 핍박 속에서도 두려워하거나 낙심하지 않고 도리어 주님 때문에 기뻐하는 자들이 되었습니다.

행5:41 사도들은 그 이름을 위하여 능욕 받는 일에 합당한 자로 여기심을 기뻐하면서 공회 앞을 떠나니라

이들이 이렇게 달라진 이유가 무엇입니까?
네, 성령님의 능력과 기쁨이 그들 안에 충만하였기 때문입니다.

당신 안에도 성령님께서 계십니다. 이제 성령님께서 당신을 통해 역사하시도록 자신을 날마다 그분께 드리십시오. 당신도 달라질 인생을 살게 될 것입니다.

당신 안에 생수의 강이 흘러넘쳐 영혼들을 살리는 증인의 삶을 살게 될 것입니다.

오직 예수!!

7월 29일

(빌립보서 4장)

12 나는 비천에 처할 줄도 알고 풍부에 처할 줄도 알아 모든 일 곧 배부름과 배고픔과 풍부와 궁핍에도 처할 줄 아는 일체의 비결을 배웠노라

바울은 지금 자신이 어떤 형편에 있든지 만족한다고 고백하고 있습니다. 그는 이제 자신이 가난에 처해도 감사하고 부유에 처해도 교만하지 않는 그런 사람이 된 것입니다. 바울이 이러한 삶을 살 수 있는 것은 삶의 과정 속에서 예수님이면 충분하다는 것을 배웠기 때문입니다.

당신도 지금 배우고 있습니다. 바울처럼 예수님 얻기를 구하고 그 안에 깊이 들어가기를 사모하십시오.

빌3:8 또한 모든 것을 해로 여김은 내 주 그리스도 예수를 아는 지식이 가장 고상하기 때문이라 내가 그를 위하여 모든 것을 잃어버리고 배설물로 여김은 그리스도를 얻고

당신도 예수님 안에서 모든 것을 할 수 있다고 고백하게 될 것입니다. 예수님 한 분이면 충분합니다.

오직 예수!!

7월 30일

(고린도후서 4장)
7 우리가 이 보배를 질그릇에 가졌으니 이는 심히 큰 능력은 하나님께 있고 우리에게 있지 아니함을 알게 하려 함이라

사람은 질그릇입니다. 능력은 사람에게 있지 않고 하나님께 있습니다. 하나님이 능력의 근원입니다. 우리는 단지 그 능력을 나타내는 도구요 통로입니다.

당신을 통해 능력이 나타날 때, 그로 인해 사람들이 당신을 주목할 때 조심하십시오. 모든 영광은 하나님께만 돌리십시오. 절대로 그 영광을 가로채지 마십시오.

잠16:18 교만은 패망의 선봉이요 거만한 마음은 넘어짐의 앞잡이니라

교만하면 망합니다. 당신이 자신의 위치를 알고 겸손히 능력의 주 예수님을 사랑하고 높일 때 당신은 능력의 도구로 계속해서 쓰임 받게 될 것입니다. 예수님 때문에 하나님의 영광과 찬송이 될 것입니다. 당신은 보배를 모시고 살고 있습니다.

오직 예수!!

7월 31일

(출애굽기 33장)
11 사람이 자기의 친구와 이야기함같이 여호와께서는 모세와 대면하여 말씀하시며 모세는 진으로 돌아오나 눈의 아들 젊은 수종자 여호수아는 회막을 떠나지 아니하니라

하나님은 모세를 친구처럼 친밀하게 대해 주셨습니다. 하나님은 당신과도 친구처럼 친밀하게 살기 원하십니다.

당신의 마음도 그렇습니까? 그렇다면 하나님과 함께 있는 시간을 많이 가지십시오. 무엇보다도 당신을 향한 하나님의 사랑을 알기를 사모하십시오. 하나님께서 당신의 삶을 통해서 하나님의 사랑을 깊이 깨닫도록 이끄실 것입니다.

시73:25 하늘에서는 주 외에 누가 내게 있으리요 땅에서는 주밖에 내가 사모할 이 없나이다

그 사랑을 깊이 깨달을수록 당신은 세상 그 무엇보다 그 누구보다 하나님을 사랑하게 될 것입니다.

당신은 주님과 하나 되는 인생을 살게 될 것입니다.

오직 예수!!

8월

(고린도전서 1장)
18 십자가의 도가
멸망하는 자들에게는 미련한 것이요
구원을 받는 우리에게는
하나님의 능력이라

8월 1일

(고린도전서 1장)
18 십자가의 도가 멸망하는 자들에게는 미련한 것이요 구원을 받는 우리에게는 하나님의 능력이라

십자가 복음의 핵심은 예수님의 피로 인한 죄사함과 나의 옛사람이 주님과 함께 죽었다는 것입니다. 나의 죄가 사해졌다는 사실이 놀라운 축복이지만 거기에만 머물러서는 안 됩니다.

우리는 이제 내 안에 생명으로 오신 예수 그리스도와 연합에 집중해야 합니다. 예수 그리스도가 당신의 생명이십니다.

요6:57 살아 계신 아버지께서 나를 보내시매 내가 아버지로 말미암아 사는 것같이 나를 먹는 그 사람도 나로 말미암아 살리라

당신이 이제 예수님으로 살 때 모든 삶에서 승리와 자유를 누리게 될 것입니다.

나는 죽고 예수님으로 사는 삶!!
이것이 진정한 그리스도인의 삶입니다.

오직 예수!!

8월 2일

(마태복음 8장)
17 이는 선지자 이사야를 통하여 하신 말씀에 우리의 연약한 것을 친히 담당하시고 병을 짊어지셨도다 함을 이루려 하심이더라

하나님은 당신이 건강하게 살기를 원하십니다. 이것이 가능하도록 하기 위해 예수님께서 당신의 연약함과 질병을 해결하셨습니다.

벧전2:24 친히 나무에 달려 그 몸으로 우리 죄를 담당하셨으니 이는 우리로 죄에 대하여 죽고 의에 대하여 살게 하심이라 그가 채찍에 맞음으로 너희는 나음을 얻었나니

예수님이 채찍에 맞음으로 당신은 나음을 얻었습니다. 이제 당신은 질병에서 자유입니다. 치유의 복음을 깊이 묵상하여 당신의 생각을 새롭게 하십시오. 당신이 이 복음을 믿으면 믿을수록 치유의 은혜를 더 누리게 될 것입니다. 마음에 치유가 믿어집니까? 예수 이름으로 질병과 통증에게 떠나라 선포하십시오. 그리고 당신이 나음을 말하고 주님께 감사하십시오. 치유의 은혜를 누리게 될 것입니다. 당신은 건강한 자입니다.

오직 예수!!

8월 3일

(시편 25편)
3 주를 바라는 자들은 수치를 당하지 아니하려니와 까닭 없이 속이는 자들은 수치를 당하리이다

주님을 바라는 자는 수치를 당하지 않습니다. 이 진리를 믿고 마음에 새기십시오. 하나님은 너무나 좋으신 우리의 아버지이십니다. 그래서 당신을 찾고 기다리는 자녀들을 절대로 그냥 내버려 두지 않으십니다. 삶의 문제가 있습니까? 주님을 찾고 구하고 기다리십시오.

애3:25 기다리는 자들에게나 구하는 영혼들에게 여호와는 선하시도다

당신을 찾고 기다리는 자들에게 선을 베풀어 주시는 하나님을 더 깊이 알아 가십시오. 당신이 주님을 알면 알수록 다른 어떤 것이 아닌 주님만을 바라게 될 것입니다.

당신은 주님의 선하심을 경험하게 될 것입니다. 주님을 바라는 자 부끄러움을 당하지 않습니다.

오직 예수!!

8월 4일

(로마서 8장)
28 우리가 알거니와 하나님을 사랑하는 자 곧 그의 뜻대로 부르심을
입은 자들에게는 모든 것이 합력하여 선을 이루느니라

예수를 믿고 거듭난 자들에게는 변화가 일어나는데 바로 하나님 뜻대로
살고 싶은 마음이 생긴다는 것입니다. 당신 안에 하나님을 사랑하고 싶
은 마음이 있다면 당신은 하나님의 부르심을 받은 자녀임에 틀림이 없습
니다. 자녀의 특권은 모든 것이 합력하여 선을 이루시는 하나님의 역사
를 누리게 된다는 것입니다.

인생을 떼어서 보면 고난이요, 고통처럼 느껴지지만 훗날 그것을 이어 보
면 축복이요, 간증임을 고백하게 될 것입니다.

살전5:18 범사에 감사하라 이것이 그리스도 예수 안에서 너희를 향하
신 하나님의 뜻이니라

그러므로 모든 범사에 감사하는 믿음의 사람이 되십시오. 당신은 어떤
상황에 있든지 예수님 때문에 행복하다고 고백하게 될 것입니다.

오직 예수!!

8월 5일

(마태복음 14장)

30 바람을 보고 무서워 빠져 가는지라 소리 질러 이르되 주여 나를 구원하소서 하니

베드로는 물 위를 걷다가 바람을 보자 두려움이 마음에 임했고 그 결과물에 빠져듭니다. 우리가 인생길을 살면서 무엇을 바라보느냐는 너무나 중요합니다. 하나님이 아닌 문제를 바라보면 불신의 삶을 살게 됩니다.

이스라엘 백성들이 광야의 길에서 '물이 없다, 고기가 없다'며 얼마나 원망했습니까? 당신이 예수님이 아닌 다른 것을 바라본다면 온갖 시험과 유혹에 빠져들게 될 것입니다.

시29:10 여호와께서 홍수 때에 좌정하셨음이여 여호와께서 영원하도록 왕으로 좌정하시도다

온갖 문제를 다스리시는 만왕의 왕 되신 주님을 믿고 바라보십시오. 당신이 지금 겪는 문제가 도리어 하나님의 능력을 경험하는 축복의 시간이 될 것입니다.
당신은 복 있는 사람입니다.

오직 예수!!

8월 6일

26 내 아들아 네 마음을 내게 주며 네 눈으로 내 길을 즐거워할지어다

하나님은 당신의 마음과 눈을 원하십니다.
당신은 당신의 마음과 눈을 하나님께 드리셨습니까?

마음과 눈은 연결되어 있습니다. 그래서 눈이 가면 마음이 가게 되어 있습니다. 눈이 멀어지면 마음도 멀어진다는 말도 있지요. 반대로 하면 눈이 가까워지면 마음도 가까워진다는 것입니다. 우리의 마음을 하나님께 두는 인생이 되려면 우리의 눈을 하나님께 두어야 합니다. 당신은 하나님께 시선을 고정하며 살고 계십니까?

당신의 눈을 하나님께 두는 좋은 방법 중에 하나가 바로 하나님의 말씀을 바라보는 것입니다.

말씀이 하나님이시기 때문입니다. 당신의 눈과 마음이 말씀을 향하도록 주의 말씀을 주야로 묵상하십시오. 그로 인해 당신의 마음을 하나님께 날마다 드리게 될 것입니다.

오직 예수!!

8월 7일

(사무엘하 11장)
2 저녁때에 다윗이 그의 침상에서 일어나 왕궁 옥상에서 거닐다가 그 곳에서 보니 한 여인이 목욕을 하는데 심히 아름다워 보이는지라

다윗이 왕궁 옥상을 거닐다가 아래를 보는데 하필이면 한 여인의 목욕하는 장면을 보게 됩니다. 보지 말아야 할 것을 보았다 하고 시선을 돌렸으면 되는데 다윗은 그러지 못하고 그의 시선을 여인에게 빼앗겼습니다. 그 결과 그는 그 여인을 범하고 나아가 그의 남편까지 죽게 합니다. 믿음의 사람 다윗이 어쩌다 이런 죄를 지은 것입니까?

그의 영적 힘이 약해졌기 때문입니다. 평소 같으면 그냥 넘어갈 수 있는 것도 어느 날은 잘 넘어가지지 않는다면 당신의 영적 상태를 살펴보아야 합니다.

마26:41 시험에 들지 않게 깨어 기도하라 마음에는 원이로되 육신이 약하도다 하시고

우리가 기도를 계속하고 기도에 감사함으로 깨어 있어야 할 이유가 여기에 있습니다. 당신은 기도의 특권을 가진 자입니다.

오직 예수!!

8월 8일

(신명기 17장)
19 평생에 자기 옆에 두고 읽어 그의 하나님 여호와 경외하기를 배우며 이 율법의 모든 말과 이 규례를 지켜 행할 것이라

하나님의 자녀가 이 땅에서 그분의 뜻을 이루고 행복한 인생을 사는 비결은 다른 데 있지 않습니다. 바로 하나님의 말씀을 곁에 두고 날마다 읽어 하나님의 마음을 알고 그분과 친밀해지는 것입니다.

당신의 책상에 말씀이 놓여 있습니까? 당신의 식탁, 침대, 차에 성경을 두어 언제든지 읽을 수 있게 하십시오. 하루의 시작과 끝을 말씀과 함께하십시오. 단 성경을 많이 읽는 것을 자랑하지 말고 말씀을 읽을수록 하나님과 닮아져 있는지를 살펴십시오.

딤후3:16 모든 성경은 하나님의 감동으로 된 것으로 교훈과 책망과 바르게 함과 의로 교육하기에 유익하니

당신이 말씀을 날마다 읽기를 계속한다면 말씀이 당신의 생각과 말과 행동을 지배하게 될 것입니다. 당신은 말씀의 실제를 누리는 하나님의 사람이 될 것입니다.

오직 예수!!

8월 9일

(요한일서 3장)
14 우리는 형제를 사랑함으로 사망에서 옮겨 생명으로 들어간 줄을 알 거니와 사랑하지 아니하는 자는 사망에 머물러 있느니라

당신이 사망에서 생명으로 옮겨진 하나님의 자녀라면 당신 안에는 하나님의 사랑이 있습니다. 이제 당신은 모든 일을 사랑으로 해야 합니다.

고전16:14 너희 모든 일을 사랑으로 행하라

당신은 모든 일을 사랑으로 행하고 있습니까? 당신이 사랑으로 행하지 않는다면 당신의 마음은 사망의 열매를 맺게 될 것입니다. 당신이 누군가를 미워한다면 마귀가 춤을 출 것이고 당신 안에는 온갖 질병들이 쳐들어 올 것입니다.

반대로 당신이 누군가를 사랑한다면 하나님이 춤을 주시고 당신의 마음은 천국이 될 것입니다. 당신이 미움과 사랑 중에 무엇을 행할지는 당신의 선택에 달려 있습니다. 당신은 그리스도 안에서 사랑입니다.

오직 예수!!

8월 10일

(요한복음 14장)
23 사람이 나를 사랑하면 내 말을 지키리니 내 아버지께서 그를 사랑하실 것이요 우리가 그에게 가서 거처를 그와 함께하리라

당신이 예수님을 사랑하여 이 땅에서 사랑의 삶을 산다면 당신은 아버지의 사랑을 받을 뿐 아니라 아버지와 예수님이 친히 당신 안에 들어오셔서 함께 사는 놀라운 은총을 누리게 됩니다.

전능하신 하나님이 당신 안에 계신다는 것은 이제 그분이 당신을 사랑하셔서 아버지로서 당신의 인생을 책임져 주시겠다는 약속입니다.

지금 당신이 겪고 있는 삶의 무게가 아무리 커도 당신을 사랑하시는 하나님 아버지의 사랑을 깨닫는다면 능히 이겨 낼 것입니다.

당신과 함께 살고 계시는 아버지의 사랑을 깊이 알고 확신하십시오. 그 사랑이 당신에게 삶을 살아갈 이유를 깨닫게 하고 살아갈 힘과 용기도 불어넣어 주실 것입니다.

오직 예수!!

8월 11일

(여호수아 1장)

5 네 평생에 너를 능히 대적할 자가 없으리니 내가 모세와 함께 있었던 것같이 너와 함께 있을 것임이니라 내가 너를 떠나지 아니하며 버리지 아니하리니

모세를 이어 지도자가 된 여호수아는 백성들을 이끌고 가나안 땅을 정복해야 합니다. 얼마나 마음에 부담이 되겠습니까?

그런 그에게 하나님께서 말씀하십니다. "너를 대적할 자가 없을 것이다" 하십니다. 적들이 아무리 강해도 내가 너와 함께하니 걱정하지 말라는 것입니다. 실제로 주님은 여호수아가 가나안 땅을 정복할 때 함께하셔서 가는 곳마다 승리하게 하셨습니다.

적들이 아무리 많고 강해도 하나님이 내 편이시면 능히 이길 수 있습니다.

본문의 약속은 당신에게도 주어진 것입니다. 마음에 새기고 그 위에 굳게 서십시오. 당신이 겪는 삶의 모든 문제들이 당신을 망하게 하지 못할 것입니다. 당신은 그리스도 안에서 이기는 자입니다.

오직 예수!!

8월 12일

(시편 43편)

5 내 영혼아 네가 어찌하여 낙심하며 어찌하여 내 속에서 불안해하는 가 너는 하나님께 소망을 두라 그가 나타나 도우심으로 말미암아 내 하나님을 여전히 찬송하리로다

인생을 살다 보면 신앙의 위기가 오기도 합니다.
삶의 문제 때문에 낙심하며 불안한 감정을 느끼기도 합니다.
그럴 때에도 우리가 잊지 말아야 할 것은 하나님이 우리와 함께 계시다는 사실입니다.

우리의 하나님은 언제나 우리의 도움이 되십니다.

시121:1 내가 산을 향하여 눈을 들리라 나의 도움이 어디서 올까 2 나의 도움은 천지를 지으신 여호와에게서로다

당신이 매 순간 하나님을 바라보는 삶을 산다면
당신의 인생은 결국 하나님을 찬송하는 삶으로 결론되어질 것입니다.

당신은 하나님의 사랑받는 자녀입니다.

오직 예수!!

8월 13일

(로마서 1장)

17 복음에는 하나님의 의가 나타나서 믿음으로 믿음에 이르게 하나니 기록된바 오직 의인은 믿음으로 말미암아 살리라 함과 같으니라

복음은 의의 계시입니다. 당신이 예수님을 믿고 거듭난 하나님의 자녀라면 하나님의 의입니다.

고후5:21 하나님이 죄를 알지도 못하신 이를 우리를 대신하여 죄로 삼으신 것은 우리로 하여금 그 안에서 하나님의 의가 되게 하려 하심이라

하나님의 의가 되었다는 것은 하나님의 본성을 가진 자가 되었다는 것입니다. 이제 당신은 이 땅에서 하나님의 생명을 나타내는 자가 된 것입니다.

당신이 그리스도 안에서 하나님과 화목됨의 진리를 믿고 하나님과의 교제에 집중한다면 이 삶은 증가될 것입니다. 사람들이 당신을 통해서 하나님을 보게 될 것입니다.

당신은 하나님과 화목한 자입니다.

오직 예수!!

8월 14일

(베드로전서 1장)

8 예수를 너희가 보지 못하였으나 사랑하는도다 이제도 보지 못하나 믿고 말할 수 없는 영광스러운 즐거움으로 기뻐하니

우리가 인생의 어려움 앞에 낙심하고 두려워하는 것은 예수님보다 문제가 더 크게 보이기 때문입니다. 우리가 당하는 어려움이 아무리 커도 예수님에게는 아무런 문제가 되지 않습니다. 그러므로 당신이 예수님을 전심으로 사랑하고 믿는다면 어떤 상황에도 기뻐하고 즐거워하게 될 것입니다.

합3:17 비록 무화과나무가 무성하지 못하며 포도나무에 열매가 없으며 감람나무에 소출이 없으며 밭에 먹을 것이 없으며 우리에 양이 없으며 외양간에 소가 없을지라도 18 나는 여호와로 말미암아 즐거워하며 나의 구원의 하나님으로 말미암아 기뻐하리로다

무엇이 없는 것이 문제가 아니라 하나님이 당신에게 어떤 분이신가가 문제입니다.

하박국의 고백이 당신의 고백이 되게 하십시오.
당신은 하나님 때문에 기쁘고 즐거워하게 될 것입니다.

오직 예수!!

8월 15일

(사무엘상 3장)
19 사무엘이 자라매 여호와께서 그와 함께 계셔서 그의 말이 하나도 땅에 떨어지지 않게 하시니

사무엘은 처음에는 하나님이 어떤 분이신지도 잘 몰랐지만 영적으로 성장하면서 지금은 하나님의 마음을 정확히 알고 전하는 자가 되었습니다. 그의 말이 하나도 땅에 떨어지지 않았다는 것이 그가 주님의 마음을 정확히 알고 전했다는 것을 증거해 주고 있습니다.

고전2:16 누가 주의 마음을 알아서 주를 가르치겠느냐 그러나 우리가 그리스도의 마음을 가졌느니라

하나님은 당신이 그분의 마음을 정확히 알고 전하는 자가 되기를 원하십니다. 주님의 마음을 알고 전하는 삶을 살기 원하십니까? 그렇다면 계속해서 영적으로 성장해 가십시오.

당신의 마음과 생각이 주님으로 채워지면 채워질수록 당신의 입은 주님의 마음을 정확히 전하는 통로로 쓰임 받게 될 것입니다. 당신은 그리스도의 마음을 가진 자입니다.

오직 예수!!

8월 16일

(요한복음 14장)
1 너희는 마음에 근심하지 말라 하나님을 믿으니 또 나를 믿으라

이 땅에 사는 동안 세상이 악하기에 믿는 우리들에게도 근심된 일이 일어나기도 합니다. 문제는 우리가 그 일에 마음을 빼앗기는 것입니다. 우리가 문제에 마음을 빼앗기면 그것이 우리의 마음을 낙심케 하고 심지어 병들게 하기도 합니다.

그래서 주님은 우리에게 마음에 근심하지 말라 하십니다. 사실 우리가 문제에 마음을 빼앗기는 것은 하나님을 온전히 믿지 못하기 때문입니다. 찬송 가사 중에 이런 글이 있습니다.

♫ 주 안에 있는 나에게 딴 근심 있으라~~ ♫

얼마나 멋진 고백입니까!! 주 안에 있으면 어떤 근심도 이길 수 있다는 것입니다. 당신이 주 안에 있음을 잊지 마십시오. 당신이 날마다 주 안에 있는 자로 살아간다면 어떤 상황에도 근심보다 감사하는 자가 될 것입니다.

오직 예수!!

8월 17일

(사도행전 28장)
31 하나님의 나라를 전파하며 주 예수 그리스도에 관한 모든 것을 담대하게 거침없이 가르치더라

바울은 평생을 하나님 나라의 복음을 전했습니다.
하나님 나라의 복음은 하나님의 통치가 이 땅에 임했다는 것입니다.

예수님이 주인 되어 다스리는 나라가 바로 하나님의 나라입니다. 당신이 예수님을 마음에 주님으로 모셨다면 하나님의 나라가 당신 안에 임해 있습니다.

당신이 범사에 예수님의 주님 되심을 인정한다면 당신은 성령 안에서 의와 평강과 희락이 넘치는 하나님 나라의 삶을 누리게 될 것입니다.

롬14:17 하나님의 나라는 먹는 것과 마시는 것이 아니요 오직 성령 안에 있는 의와 평강과 희락이라

당신은 그리스도 안에서 하늘에 앉아 있습니다.

오직 예수!!

8월 18일

(사무엘하 5장)
10 만군의 하나님 여호와께서 함께 계시니 다윗이 점점 강성하여 가니라

모든 하나님의 자녀들에게 주어진 놀라운 복은 하나님이 함께하신다는 것입니다.

우리의 인생이 허무하게 끝나지 않는 이유가 여기에 있습니다.
다윗의 인생길은 힘들고 어려웠습니다. 그러나 결국은 이스라엘의 왕이 되었습니다. 하나님이 함께하셨기 때문입니다.
당신의 지금의 삶이 혹시 힘들고 어렵더라도 낙심하거나 좌절하지 마십시오.

창39:3 그의 주인이 여호와께서 그와 함께하심을 보며 또 여호와께서 그의 범사에 형통하게 하심을 보았더라

하나님이 당신과 함께하십니다. 하나님이 당신을 위해 일하고 계십니다.
끝까지 믿음으로 주님께 붙어 있으십시오.

당신은 형통하게 될 것입니다.

오직 예수!!

8월 19일

(사무엘하 7장)
29 이제 청하건대 종의 집에 복을 주사 주 앞에 영원히 있게 하옵소서 주 여호와께서 말씀하셨사오니 주의 종의 집이 영원히 복을 받게 하옵소서 하니라

아마도 복을 싫어하는 사람은 없을 것입니다. 지금 다윗도 하나님께 자신과 집이 영원히 복을 받게 해 달라고 기도하고 있습니다. 하나님께 복을 구하는 것은 잘못이 아닙니다. 다만 우리는 복이 무엇인지를 정확히 알아야 합니다.

시16:2 내가 여호와께 아뢰되 주는 나의 주님이시오니 주밖에는 나의 복이 없다 하였나이다

다윗이 생각하고 있는 복이 무엇입니까? 하나님만이 복이라고 고백하고 있습니다. 그래서 하나님 앞에 영원히 있게 해 달라고 구한 것입니다. 하나님과 함께 사는 것이 최고의 복입니다. 당신은 하나님과 함께 살고 계십니까? 세상 것 좀 부족해도 주님을 얻었다면 당신은 최고의 복을 받은 사람입니다.

당신은 복 있는 사람입니다.

오직 예수!!

8월 20일

(로마서 5장)
1 그러므로 우리가 믿음으로 의롭다 하심을 받았으니 우리 주 예수 그리스도로 말미암아 하나님과 화평을 누리자

우리는 원래 하나님과 원수였고 그분의 진노의 대상이었습니다. 그런데 예수님께서 십자가에서 죽으심으로 하나님과 우리 사이의 막힌 담을 헐어 버렸습니다.

이제 누구든지 예수님을 믿으면 하나님의 자녀가 되어 하나님 앞에 담대하게 나갈 수 있게 됩니다.

그리스도 안에 있는 당신은 이제 하나님의 영광의 임재 속으로 들어갈 수 있고 이 땅에서 하나님의 나라를 누릴 수 있게 되었습니다.

세상의 그 무엇과도 비교할 수 없는 하나님의 영광 앞에 설 수 있는 이 특권을 놓치지 마십시오. 이 땅에서 하나님의 나라를 풍성하게 누리는 축복의 삶을 살아가십시오. 그것은 당신이 얼마나 그리스도와 친밀하느냐에 달려 있습니다. 당신은 예수님과 친밀하십니까?

오직 예수!!

8월 21일

(요한복음 15장)

16 너희가 나를 택한 것이 아니요 내가 너희를 택하여 세웠나니 이는 너희로 가서 열매를 맺게 하고 또 너희 열매가 항상 있게 하여 내 이름으로 아버지께 무엇을 구하든지 다 받게 하려 함이라

오늘 본문은 하나님께서 우리를 택하신 이유를 우리가 열매를 맺도록 하시기 위함이라고 말하고 있습니다. 하나님께서 우리에게 원하시는 열매는 어떤 열매일까요? 포도나무와 가지의 비유를 통해서 우리는 예수님 나무에 붙어 있는 가지임을 알게 됩니다.

그러므로 우리가 맺어야 할 열매는 예수 열매입니다. 즉 예수님의 성품을 맺는 사람이 되어야 한다는 것입니다.

당신은 삶에서 예수님의 성품을 나타내고 계십니까? 예수님께 꼭 붙어 그분의 생명을 풍성히 공급받으십시오. 당신을 통해 예수님의 성품이 나타나게 될 것입니다. 사람들이 당신을 통하여 예수님을 보게 될 것입니다. 당신은 예수님 나무에 붙어 있는 가지입니다.

오직 예수!!

8월 22일

(열왕기상 18장)
21 엘리야가 모든 백성에게 가까이 나아가 이르되 너희가 어느 때까지
둘 사이에서 머뭇머뭇하려느냐 여호와가 만일 하나님이면 그를 따르
고 바알이 만일 하나님이면 그를 따를지니라 하니 백성이 말 한마디도
대답하지 아니하는지라

하나님만이 참된 신이시고 우리가 섬겨야 할 하나님이신데 많은 성도들
이 사단에게 속아 하나님 아닌 다른 것에 마음을 빼앗겨 살고 있습니다.

시16:4 다른 신에게 예물을 드리는 자는 괴로움이 더할 것이라 나는 그
들이 드리는 피의 전제를 드리지 아니하며 내 입술로 그 이름도 부르
지 아니하리로다

예수님을 믿어도 참된 기쁨과 행복을 누리지 못하는 이유가 여기에 있습
니다. 혹시나 하나님보다 더 사랑하는 것이 당신의 마음에 있다면 그것
때문에 괴로운 일들이 일어날 것입니다. 이제 하나님만을 믿고 사랑하기
로 결정하십시오. 주님께서 당신을 그렇게 만들어 주실 것입니다.

하나님만이 당신의 기쁨이요 행복입니다.

오직 예수!!

8월 23일

(잠언 23장)

17 네 마음으로 죄인의 형통을 부러워하지 말고 항상 여호와를 경외하라 18 정녕히 네 장래가 있겠고 네 소망이 끊어지지 아니하리라

인간의 생사화복이 하나님께 있습니다. 그러므로 우리는 하나님을 경외하는 삶을 살아야 합니다. 죄인이 형통한 것처럼 보이지만 그들이 회개하지 않으면 졸지에 망하게 될 것입니다. 그러므로 죄인의 잘되는 것을 부러워하지 말고 항상 하나님 앞에서 살아가십시오.

신5:29 다만 그들이 항상 이 같은 마음을 품어 나를 경외하며 내 모든 명령을 지켜서 그들과 그 자손이 영원히 복 받기를 원하노라

하나님의 복이 누구에게 계속해서 흘러가는지 기억하십시오. 하나님의 눈과 손이 당신을 향하여 있습니다. 어떤 상황에도 하나님만 믿고 사랑하십시오. 당신은 잘될 것입니다.

당신은 부족함이 없는 자입니다.

오직 예수!!

8월 24일

(마태복음 26장)
41 시험에 들지 않게 깨어 기도하라 마음에는 원이로되 육신이 약하도다 하시고

우리의 적 마귀는 잠도 안 자고 언제나 어디서나 우는 사자처럼 우리를 노리고 공격합니다. 그러므로 우리는 영적으로 늘 깨어 있어야 합니다.

벧전5:8 근신하라 깨어라 너희 대적 마귀가 우는 사자같이 두루 다니며 삼킬 자를 찾나니

하나님과의 친밀한 교제인 기도에 깨어 있으십시오. 기도를 계속하고 기도에 감사함으로 깨어 있으십시오.

당신이 기도에 깨어 있지 않다면 적의 공격에 무너짐이 많을 것입니다. 은혜의 보좌 앞으로 나아가 하나님과의 사귐을 풍성하게 하십시오. 새 힘이 부어질 것입니다.

적들이 당신을 보고 도망갈 것입니다. 당신은 언제나 승리하게 될 것입니다. 당신은 기도의 특권을 가진 자입니다.

오직 예수!!

8월 25일

(사도행전 27장)
25 그러므로 여러분이여 안심하라 나는 내게 말씀하신 그대로 되리라
고 하나님을 믿노라

항해 중에 광풍을 만나 모든 사람이 죽음의 두려움에 떨고 있을 때 바울은
다른 반응을 보입니다. 도리어 그들에게 위로와 용기를 주고 있습니다.
바울은 하나님을 믿는 자들이 어떠해야 하는지를 보여 주고 있습니다.

잠24:10 네가 만일 환난 날에 낙담하면 네 힘이 미약함을 보임이니라

혹시 어려움 속에 낙담하고 있습니까?
두려워하지 마십시오. 주님이 당신과 함께하십니다.

바울처럼 "나는 하나님을 믿노라."라고 고백하십시오.
새 힘이 생길 것입니다. 담대한 자가 될 것입니다. 하나님은 언제나 당신
과 함께하십니다.

당신은 임마누엘의 복을 가진 자입니다.

오직 예수!!

8월 26일

(시편 23편)
1 여호와는 나의 목자시니 내게 부족함이 없으리로다

우리를 향한 하나님의 마음은 우리가 부족함이 없는 인생을 사는 것입니다. 다윗의 고백처럼 우리도 "나는 부족함이 없습니다."라고 고백할 수 있어야 합니다.

우리가 살면서 부족함을 느끼는 것은 하나님과의 관계에 문제가 있기 때문입니다. 양에게는 목자만 있으면 되듯이 당신에게는 하나님만 있으면 됩니다. 하나님과의 친밀함이 깊어질수록 당신은 삶의 모든 여정에서 만족함을 누리게 될 것입니다.

시34:10 젊은 사자는 궁핍하여 주릴지라도 여호와를 찾는 자는 모든 좋은 것에 부족함이 없으리로다

당신이 모든 범사에 하나님만을 믿고 의지하며 살아간다면
당신은 모든 좋은 것에 부족함이 없게 될 것입니다.

당신은 부족함이 없는 자입니다.

오직 예수!!

8월 27일

(시편 73편)
28 하나님께 가까이함이 내게 복이라 내가 주 여호와를 나의 피난처로 삼아 주의 모든 행적을 전파하리이다

하나님을 가까이하는 자가 복된 자입니다.
당신이 이 땅에서 복된 인생을 살기 원한다면 세상과는 멀어지고 하나님과는 가까운 인생을 살아야 합니다.

당신이 문제를 만날 때 하나님을 피난처로 삼고 그분을 바라본다면 세상 그 어떤 것도 채워 줄 수 없는 진정한 평안과 기쁨을 주님께서 당신에게 부어 주실 것입니다.

시73:25 하늘에서는 주 외에 누가 내게 있으리요 땅에서는 주밖에 내가 사모할 이 없나이다

배고픔과 목마름으로 주님을 가까이하는 당신은 복 받은 인생입니다.

하나님이 전부이십니다.

오직 예수!!

8월 28일

(사도행전 16장)
6 성령이 아시아에서 말씀을 전하지 못하게 하시거늘 그들이 브루기아와 갈라디아 땅으로 다녀가

신앙생활과 종교 생활의 차이를 아십니까?

성령님으로 사는 것이 신앙생활이라면 내 힘과 노력으로 사는 것을 종교 생활이라 할 수 있습니다. 종교 생활을 하는 사람들은 자신의 힘으로 무언가를 이루면 자기 자랑과 교만에 빠지게 됩니다. 그러나 성령님과 함께 무언가를 이루는 사람은 겸손히 그 영광을 하나님께 돌립니다. 그러므로 우리는 철저하게 성령님으로 살아야 합니다.

롬8:14 무릇 하나님의 영으로 인도함을 받는 사람은 곧 하나님의 아들이라

성령님의 인도함을 받는 자가 하나님의 자녀임을 기억하십시오. 당신이 성령님과의 친밀함을 날마다 이루어 갈 때 성령님의 나타나심과 능력이 당신을 통해 드러날 것입니다. 당신은 성령님의 사람이 될 것입니다.

오직 예수!!

8월 29일

(에베소서 6장)
18 모든 기도와 간구를 하되 항상 성령 안에서 기도하고 이를 위하여 깨어 구하기를 항상 힘쓰며 여러 성도를 위하여 구하라

기도의 중요성은 아무리 강조해도 부족함이 없습니다. 그런데 우리의 기도에 성령님이 빠진다면 그 기도는 일반 종교인들이 하는 '비나이다 기도'다를 바가 없습니다.

하나님이 원하시는 기도는 성령 안에서 하는 기도입니다. 성령 안에서 기도하는 것은 성령의 인도 따라 하는 기도입니다. 성령님께서 우리에게 하나님의 마음을 부어 주셔서 주님이 원하는 기도를 하게 하십니다. 기도 시간 잠잠히 성령님을 바라보십시오. 그리고 기다리십시오. 성령님께서 당신의 기도를 끌고 가실 것입니다.

유1:20 사랑하는 자들아 너희는 너희의 지극히 거룩한 믿음 위에 자신을 세우며 성령으로 기도하며

당신은 성령으로 기도하는 사람이 될 것입니다. 기도가 당신에게 기쁨과 즐거움이 될 것입니다. 당신은 기도의 사람입니다.

오직 예수!!

8월 30일

(사도행전 8장)
40 빌립은 아소도에 나타나 여러 성을 지나다니며 복음을 전하고 가이사랴에 이르니라

사마리아 성에서 능력 있게 복음을 전하던 빌립 집사는 여러 성을 다니며 복음을 전하다가 가이사랴에 정착하게 됩니다. 그 후 빌립 집사의 이야기가 사라지는데 사도행전 20장 8절에 다시 등장합니다. 빌립은 가이사랴에서 딸 넷을 키우며 평범하게 살아가고 있었습니다.
그의 딸들이 다 예언하는 자인 걸 보면 그가 가정을 신앙으로 잘 세워 왔다는 것을 짐작할 수 있습니다. 그리스도인들은 철저하게 하나님의 인도를 따라 살아야 합니다. 그분이 어디로 인도하든지 무엇을 명령하든지 믿음으로 삶을 살아 내는 실력을 갖추어야 합니다.

다른 사람의 인생을 보며 부러워하지 마시고 내게 주어진 삶에 감사하며 하나님과 동행하십시오.

하나님 앞에 서는 날 주님으로부터 칭찬과 상을 받게 될 것입니다.

오직 예수!!

8월 31일

(역대하 20장)
22 그 노래와 찬송이 시작될 때에 여호와께서 복병을 두어 유다를 치러 온 암몬 자손과 모압과 세일 산 주민들을 치게 하시므로 그들이 패하였으니

찬송은 능력입니다. 영적 전쟁에서 적을 물리치는 중요한 무기 중의 하나가 찬송입니다. 우리가 하나님을 찬송할 때 하나님이 일하십니다. 당신의 영적 위기는 찬송이 당신의 입에서 나오지 않기 때문일 것입니다.

대하20:21 백성과 더불어 의논하고 노래하는 자들을 택하여 거룩한 예복을 입히고 군대 앞에서 행진하며 여호와를 찬송하여 이르기를 여호와께 감사하세 그의 인자하심이 영원하도다 하게 하였더니

어려움 속에서도 하나님을 믿기에 드리는 감사의 고백이 찬송입니다. 하나님을 높이는 당신의 노래가 끊임없이 당신의 마음에서 흘러나오게 하십시오. 찬양이 당신의 삶이 되게 하십시오.

당신은 찬송의 능력을 가진 자입니다.

오직 예수!!

9월

(에베소서 5장)
15 그런즉 너희가 어떻게 행할지를
자세히 주의하여
지혜 없는 자같이 하지 말고
오직 지혜 있는 자같이 하여

9월 1일

(에베소서 5장)
15 그런즉 너희가 어떻게 행할지를 자세히 주의하여 지혜 없는 자같이 하지 말고 오직 지혜 있는 자같이 하여

그리스도인의 삶은 이 땅에서 하나님의 뜻을 이루며 사는 삶입니다. 예수님께서 아버지의 뜻을 이 땅에서 이루셨듯이 당신도 그렇게 살 수 있습니다.

요6:57 살아 계신 아버지께서 나를 보내시매 내가 아버지로 말미암아 사는 것같이 나를 먹는 그 사람도 나로 말미암아 살리라

예수님께서 아버지로 말미암아 살았던 것처럼 당신도 예수님으로 산다면 아버지의 뜻을 이루는 삶을 살게 될 것입니다.

왜냐하면 예수님의 지혜가 당신의 지혜가 될 것이기 때문입니다. 예수님의 지혜가 당신의 인생을 헛되지 않게 이끌어 아버지의 뜻을 이루게 해주실 것입니다.

당신은 예수님의 지혜를 가진 자입니다.

오직 예수!!

9월 2일

(빌립보서 1장)
6 너희 안에서 착한 일을 시작하신 이가 그리스도 예수의 날까지 이루실 줄을 우리는 확신하노라

당신이 겪고 있는 문제가 무엇이든 염려하지 말고 당신 안에 살아 계시는 성령님께 다 부탁드리십시오. 보혜사 되신 성령님께서 당신을 위로하고 도우실 것입니다.

기억하십시오. 성령님께서 영원히 당신과 함께하시고 끝까지 도우십니다. 그러므로 성령님을 근심시켜 드리지 마시고 그분과 친밀해지십시오.

엡4:30 하나님의 성령을 근심하게 하지 말라 그 안에서 너희가 구원의 날까지 인 치심을 받았느니라

성령님은 당신과 친밀하게 동행하기를 원하십니다. 당신도 성령님을 사모하고 사랑하십시오. 그분의 능력과 사랑을 누리며 살게 될 것입니다.

당신은 성령님을 모시고 사는 자입니다.

오직 예수!!

9월 3일

(히브리서 10장)
10 이 뜻을 따라 예수 그리스도의 몸을 단번에 드리심으로 말미암아 우리가 거룩함을 얻었노라

그리스도 안에서 내가 누구인지, 무엇을 가졌는지, 무엇을 할 수 있는지 아는 것은 너무나 중요합니다.

오늘 본문은 우리가 그리스도 안에서 거룩한 자요, 거룩함을 가진 자라고 말하고 있습니다. 우리가 거룩함을 가졌다면 이제 우리는 거룩하게 살 수 있습니다.

먼저 당신이 그리스도 안에서 거룩하다는 사실을 믿으십시오.
하나님께서 당신을 그렇게 보시기 때문입니다. 주님과 친밀한 교제를 누리며 날마다 그분과 동행하는 삶을 살아가십시오.

딤전4:5 하나님의 말씀과 기도로 거룩하여짐이라

당신을 통해 주님의 거룩함이 흘러넘칠 것입니다.

당신은 그리스도 안에서 거룩한 자입니다.

오직 예수!!

9월 4일

(야고보서 4장)
7 그런즉 너희는 하나님께 복종할지어다 마귀를 대적하라 그리하면 너희를 피하리라

당신이 예수님을 믿고 하나님의 자녀가 되었다면 마귀는 더 이상 당신의 주인이 아닙니다. 당신을 공격해 오는 적을 더 이상 두려워하지 마시고 담대하게 대적하십시오.

마귀는 우리가 대적할 때 도망가게 되어 있습니다. 날마다 승리하는 삶을 원하십니까? 당신이 무엇을 가지고 있는지를 깊이 묵상하십시오. 당신은 모든 만물이 복종하는 권세 있는 예수님의 이름을 가지고 있습니다. 무엇을 하든지 예수님의 이름으로 말하고 행동하십시오.

골3:17 또 무엇을 하든지 말에나 일에나 다 주 예수의 이름으로 하고 그를 힘입어 하나님 아버지께 감사하라

당신은 모든 일에 넉넉히 이기게 될 것입니다.
당신은 예수님의 이름을 가진 자입니다.

오직 예수!!

9월 5일

(고린도후서 9장)
8 하나님이 능히 모든 은혜를 너희에게 넘치게 하시나니 이는 너희로 모든 일에 항상 모든 것이 넉넉하여 모든 착한 일을 넘치게 하게 하려 하심이라

모든 그리스도인들은 "나는 부족함이 없습니다."라고 고백할 수 있어야 합니다. 하나님이 우리의 아버지이시고 그분이 우리의 삶에 모든 은혜를 넘치게 부어 주시기 때문입니다.

롬8:32 자기 아들을 아끼지 아니하시고 우리 모든 사람을 위하여 내주신 이가 어찌 그 아들과 함께 모든 것을 우리에게 주시지 아니하겠느냐

당신을 향한 하나님 아버지의 사랑의 마음이 느껴지십니까!!
당신은 온 우주의 창조자 되시는 하나님의 사랑과 관심을 받고 있는 그분의 존귀한 자녀입니다.

당신은 복의 통로입니다.
당신은 그리스도 안에서 모든 것을 가진 자입니다.

이것이 당신의 진정한 정체성입니다.

오직 예수!!

270

9월 6일

(로마서 6장)
11 이와 같이 너희도 너희 자신을 죄에 대하여는 죽은 자요 그리스도 예수 안에서 하나님께 대하여는 살아 있는 자로 여길지어다

예수님께서 우리 대신 죄가 되셔서 십자가에서 죽으셨습니다. 그 결과 우리는 죄에 대하여 죽고 하나님께 대하여는 산자가 되었습니다. 이제 우리는 죄에 반응하는 자가 아니라 하나님께 반응하는 자가 된 것입니다.

즉 죄짓는 것보다 하나님 뜻대로 사는 것이 더 자연스러운 사람이 된 것입니다. 물론 예수를 믿는다고 전혀 죄를 짓지 않는 것은 아닙니다. 당신이 영적으로 성장하여 하나님과 친밀해질수록 죄와 멀어지게 될 것입니다. 죄짓지 않으려고 죄를 묵상하지 말고 하나님과의 친밀함을 추구하고 누리십시오.

롬5:1 그러므로 우리가 믿음으로 의롭다 하심을 받았으니 우리 주 예수 그리스도로 말미암아 하나님과 화평을 누리자

하나님의 은혜가 당신을 지배하여 영적으로 강한 자가 될 것입니다. 그 은혜가 죄를 이기고 의의 삶을 살게 할 것입니다.

오직 예수!!

9월 7일

(로마서 8장)
28 우리가 알거니와 하나님을 사랑하는 자 곧 그의 뜻대로 부르심을
입은 자들에게는 모든 것이 합력하여 선을 이루느니라

하나님을 믿는 믿음이 시련을 이기게 합니다. 그러므로 힘든 일이 다가
오면 당신의 믿음을 작동시키십시오. 문제는 어려움이 오면 나도 모르게
낙심이 되고 두려움도 온다는 것입니다.

약1:3 이는 너희 믿음의 시련이 인내를 만들어 내는 줄 너희가 앎이라

그런데 시련으로 연단된 믿음을 가진 자들은 금방 그러한 감정들을 이겨
냅니다. 하나님이 합력하여 선을 이루실 것을 믿기 때문입니다

하나님을 사랑하고 찬송하십시오. 당신은 어떤 시련도 다 이겨 내는 믿
음의 사람이 될 것입니다.

당신은 하나님의 믿음을 가진 자입니다.

오직 예수!!

9월 8일

(로마서 12장)
2 너희는 이 세대를 본받지 말고 오직 마음을 새롭게 함으로 변화를 받아 하나님의 선하시고 기뻐하시고 온전하신 뜻이 무엇인지 분별하도록 하라

당신의 마음을 말씀으로 날마다 새롭게 하여 말씀대로 생각하는 자가 되십시오. 말씀과 맞지 않는 생각들이 당신에게 떠오를 때 과감하게 거부하고 거절하십시오.

우리의 구원이 하나님의 은혜이듯 치유도 하나님의 은혜입니다.

벧전2:24 친히 나무에 달려 그 몸으로 우리 죄를 담당하셨으니 이는 우리로 죄에 대하여 죽고 의에 대하여 살게 하려 하심이라 그가 채찍에 맞음으로 너희는 나음을 얻었나니

구원받음이 당신에게 사실이듯 치유받음도 당신에게 사실입니다. 그러므로 당신의 생각이 말씀과 일치할 때까지 계속해서 말씀을 묵상하고 또 묵상하십시오.

말씀대로 말하고 행동하십시오. 말씀의 실제를 경험하게 될 것입니다. 당신은 말씀대로 생각하는 자입니다.

오직 예수!!

9월 9일

(고린도후서 5장)
7 이는 우리가 믿음으로 행하고 보는 것으로 행하지 아니함이로라

그리스도인은 믿음으로 행하는 자입니다. 현실이 힘들고 몸이 아픈 것이 사실이라도 거기에 반응하여 낙심하거나 두려워하지 마십시오. 도리어 하나님의 말씀에 근거하여 하나님께 감사하고 내가 났음을 선포하고 찬양하십시오. 말씀에 반응하여 말하고 행동하는 것이 믿음으로 행하는 것입니다. 보이는 것이 다가 아닙니다. 보이지 않는 곳에서 하나님이 일하고 계십니다.

롬8:28 우리가 알거니와 하나님을 사랑하는 자 곧 그의 뜻대로 부르심을 입은 자들에게는 모든 것이 합력하여 선을 이루느니라

당신이 모든 일을 말씀에 의지하여 믿음으로 행할 때 모든 것을 합력하여 복되게 하시는 하나님의 역사를 경험하게 될 것입니다.

당신은 하나님의 믿음을 가진 자입니다.

오직 예수!!

9월 10일

(예레미야 29장)

11 여호와의 말씀이니라 너희를 향한 나의 생각을 내가 아나니 평안이요 재앙이 아니니라 너희에게 미래와 희망을 주는 것이니라

하나님은 범사에 당신에게 평안을 주시고 삶에 용기를 내도록 희망을 주실 것입니다. 지금 혹시 고난을 당하고 어려움을 당하고 있더라도 오늘 말씀을 마음에 새기고 용기를 얻으십시오.

당신이 말씀을 삶의 최우선으로 삼고 말씀대로 생각하고 말하고 행동한다면 당신은 실패하지 않을 것입니다.

당신이 지금 재앙처럼 느껴지는 상황 가운데 있더라도 당신이 말씀 위에 굳게 서서 하나님을 믿는다면 두려움이 기도가 되고 한숨이 노래가 되고 고난이 축복이 되는 은혜의 역사를 경험하게 될 것입니다.

♬ 그 두려움이 변하여 내 기도되었고 전날의 한숨 변하여 내 노래되었네 ♬

당신은 주님 안에 있습니다.

오직 예수!!

9월 11일

(누가복음 10장)
19 내가 너희에게 뱀과 전갈을 밟으며 원수의 모든 능력을 제어할 권능을 주었으니 너희를 해칠 자가 결코 없으리라

제자들이 귀신 들린 아이를 고치지 못해 당황하며 예수님께 묻습니다. 그때 주님의 답은 너희들이 믿음이 작기 때문이라고 했습니다.

능력이 없어서 고치지 못한 것이 아닙니다. 모든 믿는 자에게는 이미 능력이 있습니다. 문제는 믿음입니다. 믿음의 기도가 병든 자를 일으킵니다.

약5:15 믿음의 기도는 병든 자를 구원하리니 주께서 그를 일으키시리라 혹시 죄를 범하였을지라도 사하심을 받으리라

그러므로 당신의 믿음을 강화시키십시오. 늘 기도와 말씀으로 하나님과의 친밀함을 추구할 때 당신의 믿음은 솟아오를 것입니다.

당신은 주님의 능력을 가진 자입니다.

오직 예수!!

9월 12일

(요한일서 4장)
10 사랑은 여기 있으니 우리가 하나님을 사랑한 것이 아니요 하나님이 우리를 사랑하사 우리 죄를 속하기 위하여 화목제물로 그 아들을 보내셨음이라

나보다 나를 더 사랑하시는 하나님이십니다. 우리를 얼마나 사랑하셨는지 당신의 독생자를 우리를 위해 이 땅에 보내셨습니다.

요3:16 하나님이 세상을 이처럼 사랑하사 독생자를 주셨으니 이는 그를 믿는 자마다 멸망하지 않고 영생을 얻게 하려 하심이라

그 사랑 때문에 우리가 영생 즉 하나님의 생명을 소유하게 되었습니다. 이제 어떤 문제도 어떤 누구도 당신을 두렵게 할 수 없을 것입니다. 하나님의 변함없는 사랑이 당신을 붙잡고 계십니다. 그 사랑에 감사하고 찬양하십시오. 그 사랑 안에서 당신은 하나님의 나라를 누리게 될 것입니다.

당신은 하나님의 사랑받는 자녀입니다.

오직 예수!!

9월 13일

(요한복음 4장)
24 하나님은 영이시니 예배하는 자가 영과 진리로 예배할지니라

하나님은 영이십니다. 그러므로 하나님의 형상대로 만들어진 당신도 영입니다. 당신이 누구인가를 아는 것이 중요합니다.
당신이 자신을 육이라고 생각하면 육신의 생각을 하고 당신이 자신을 영이라고 생각하면 영의 생각을 하게 될 것입니다.

롬8:6 육신의 생각은 사망이요 영의 생각은 생명과 평안이니라

그 결과는 천지 차이입니다. 당신은 하나님으로부터 태어났습니다. 즉 하나님의 생명을 가진 영적 존재라는 것입니다.

이것이 진정한 당신의 정체성입니다.
영으로 예배하고 영으로 기도하고 영의 생각을 하고 영의 열매를 맺으십시오. 당신이 영으로 살아갈 때 당신의 마음도 몸도 생명과 평안과 건강으로 충만하게 될 것입니다.

당신은 그리스도 예수 안에 있는 자입니다.

오직 예수!!

9월 14일

(이사야 46장)
4 너희가 노년에 이르기까지 내가 그리하겠고 백발이 되기까지 내가
너희를 품을 것이라 내가 지었은즉 내가 업을 것이요 내가 품고 구하
여 내리라

우리의 일생을 끝까지 책임져 주시는 하나님이십니다. 늘 속만 썩이던
우리에게 하나님은 왜 이렇게 하십니까? 사랑하시기 때문입니다.

요13:1 유월절 전에 예수께서 자기가 세상을 떠나 아버지께로 돌아가
실 때가 이른 줄 아시고 세상에 있는 자기 사람들을 사랑하시되 끝까
지 사랑하시니라

하나님은 우리를 사랑하시되 끝까지 사랑하십니다. 당신이 힘들고 어려
운 상황에 있더라도 낙심하지 말아야 할 이유입니다. 하나님의 사랑의
품에 안겨 있는 당신을 상상해 보십시오. 행복감과 안정감이 느껴지지
않습니까?

지금 힘이 드십니까? 주님의 품으로 달려가십시오. 주님께서 당신을 구
하여 내실 것입니다. 당신은 행복한 하나님의 자녀입니다.

오직 예수!!

9월 15일

(이사야 41장)

10 두려워하지 말라 내가 너와 함께함이라 놀라지 말라 나는 네 하나님이 됨이라 내가 너를 굳세게 하리라 참으로 너를 도와주리라 참으로 나의 의로운 오른손으로 너를 붙들리라

하나님이 당신과 함께하신다는 사실을 정말 믿고 계십니까? 하나님의 함께하심을 말로는 믿는다 하는데 실제로는 믿지 못하는 사람이 많습니다.

당신이 어떤 문제에 대해서 계속해서 두려워하고 낙심하고 염려한다면 그것이 곧 하나님의 함께하심을 믿지 못하고 있다는 증거입니다. 성령님께 당신의 눈을 열어 하나님이 함께하심을 보게 하시기를 간구하십시오. 말씀이 믿어지기까지 계속해서 말씀을 묵상하십시오.

"내가 너를 굳세게 하리라~~ 참으로 너를 도와주리라~~ 참으로 나의 의로운 오른손으로 너를 붙들리라"

주님의 약속의 음성을 마음에 새기고 선포하십시오.
당신은 임마누엘의 복을 가진 자입니다.

오직 예수!!

9월 16일

(이사야 30장)
15 주 여호와 이스라엘의 거룩하신 이가 이같이 말씀하시되 너희가 돌이켜 조용히 있어야 구원을 얻을 것이요 잠잠하고 신뢰하여야 힘을 얻을 것이거늘 너희가 원하지 아니하고

좋으신 하나님 앞에 잠잠히 머물러 그분의 사랑과 은혜를 깊이 묵상하고 또 묵상하십시오. 주님의 은혜가 당신의 머리부터 발끝까지 임할 것입니다. 그로 인해 당신의 마음에 슬픔과 한숨이 떠나고 기쁨과 노래가 임할 것입니다.

사35:10 여호와의 속량함을 받은 자들이 돌아오되 노래하며 시온에 이르러 그들의 머리 위에 영영한 희락을 띠고 기쁨과 즐거움을 얻으리니 슬픔과 탄식이 사라지리로다

주님 앞에 잠잠히 머물며 그분을 바라보는 당신에게 독수리가 날개 치며 올라감 같은 새 힘이 임할 것입니다.

당신은 모든 고난과 시험을 능히 이기게 될 것입니다.

당신은 이기는 자입니다.

오직 예수!!

9월 17일

(이사야 26장)
3 주께서 심지가 견고한 자를 평강하고 평강하도록 지키시리니 이는 그가 주를 신뢰함이니이다

하나님은 우리가 평생에 신뢰할 수 있는 좋으신 분이십니다.
당신의 마음을 하나님의 은혜로 굳건하게 하여 모든 일에 하나님을 신뢰하십시오.

그리하면 하나님의 평강이 그리스도 예수 안에서 당신의 마음과 생각을 지키실 것입니다.

빌4:7 그리하면 모든 지각에 뛰어난 하나님의 평강이 그리스도 예수 안에서 너희 마음과 생각을 지키시리라

어떤 상황에도 흔들리지 않는 믿음의 사람이 되십시오.

한량없는 주의 은혜와 평강이 당신의 인생길을 지키실 것입니다.

당신은 하나님의 보호 아래 있는 자입니다.

오직 예수!!

9월 18일

(히브리서6장)

14 이르시되 내가 반드시 너에게 복 주고 복 주며 너를 번성하게 하고 번성하게 하리라 하셨더니 그가 이같이 오래 참아 약속을 받았느니라.

하나님은 복 주시기를 기뻐하시는 분이십니다. 그런데 여기서 우리가 꼭 기억할 것은 복이 무엇이냐 하는 것입니다.
재물, 명예, 건강, 형통…, 이것들은 복이 아니라 복의 산물입니다. 진정한 복은 하나님이십니다.

시16:2 내가 여호와께 아뢰되 주는 나의 주님이시오니 주밖에는 나의 복이 없다 하였나이다

사람들이 복을 받고 변질되는 이유가 무엇입니까? 그들이 복 자체이신 하나님을 놓치고 하나님이 주신 선물에 마음을 빼앗기기 때문입니다.

당신도 잊지 마십시오. 하나님만이 복입니다.

오직 예수!!

9월 19일

(히브리서 11장)
6 믿음이 없이는 하나님을 기쁘시게 하지 못하나니 하나님께 나아가는 자는 반드시 그가 계신 것과 또한 그가 자기를 찾는 자들에게 상 주시는 이심을 믿어야 할지니라

믿음은 모든 사람의 것이 아니라고 했습니다.
그러므로 당신이 하나님의 살아 계심을 믿는 믿음을 가지고 있다는 것은 하나님의 복을 받은 것입니다.

이제 이 믿음으로 살아 하나님을 기쁘시게 하는 자가 되십시오.

히11:5 믿음으로 에녹은 죽음을 보지 않고 옮겨졌으니 하나님이 그를 옮기심으로 다시 보이지 아니하였느니라 그는 옮겨지기 전에 하나님을 기쁘시게 하는 자라 하는 증거를 받았느니라

힘들고 어려운 상황 속에 보이는 것 없고 들리는 것 없어도 하나님이 간섭하고 계심을 믿기에 "나는 하나님을 믿습니다."라고 고백하는 자가 되십시오. 믿기에 감사하고 믿기에 안심하고 믿기에 찬양하는 당신은 하나님의 기쁨입니다.

당신은 믿음의 사람입니다.

오직 예수!!

9월 20일

(야고보서 5장)
15 믿음의 기도는 병든 자를 구원하리니 주께서 그를 일으키시리라 혹시 죄를 범하였을지라도 사하심을 받으리라

"믿음의 기도는 병든 자를 구원하리니"
우리가 이 말씀을 믿고 믿음의 기도를 한다면 질병에서 자유롭게 될 것입니다. 예수님이 우리의 질병과 약함을 다 가져가셨기 때문입니다.

마8:17 이는 선지자 이사야를 통하여 하신 말씀에 우리의 연약한 것을 친히 담당하시고 병을 짊어지셨도다 함을 이루려 하심이더라

우리의 문제는 기도를 적게 하는 것이요, 기도하면서도 의심한다는 것입니다. 말씀이 당신의 생각과 말이 될 때까지 하나님의 말씀을 깊이 묵상하십시오. 하나님의 믿음이 당신의 마음에 충만하기까지 기도에 집중하십시오. 당신의 기도에 능력이 나타날 것입니다.

당신은 예수님 안에서 건강한 자입니다.

오직 예수!!

9월 21일

(요한복음 15장)

4 내 안에 거하라 나도 너희 안에 거하리라 가지가 포도나무에 붙어 있지 아니하면 스스로 열매를 맺을 수 없음같이 너희도 내 안에 있지 아니하면 그러하리라

우리가 예수님 안에 거하지 않으면 하나님이 기뻐하시는 삶을 살 수 없음을 기억하십시오. 예수님 안에 거한다는 말은 다르게 말하면 그분의 사랑 안에 거한다는 것입니다.

요15:9 아버지께서 나를 사랑하신 것같이 나도 너희를 사랑하였으니 나의 사랑 안에 거하라

예수님의 사랑 안에 거하는 자가 되십시오. 그분의 사랑을 충분히 알고 받으십시오. 이것이 풍성할수록 당신도 사랑하는 사람이 될 것입니다. 지금 당신 곁에 있는 사람에게 주님의 사랑을 나타내십시오.

당신은 아버지의 기쁨과 자랑이 될 것입니다.

당신은 주님의 사랑을 가진 자입니다.

오직 예수!!

9월 22일

(욥기 23장)
10 그러나 내가 가는 길을 그가 아시나니 그가 나를 단련하신 후에는 내가 순금같이 되어 나오리라

욥이 엄청난 고통 속에서도 이 고난을 이겨 낸 것은 끝까지 하나님을 믿고 인내하였기 때문입니다.

물론 하나님 앞에서 대들기도 하고 푸념도 하지만 하나님을 원망하고 떠나지 않았습니다. 그 결과 그는 하나님을 더 깊이 아는 믿음의 사람이 됩니다.

욥42:5 내가 주께 대하여 귀로 듣기만 하였사오나 이제는 눈으로 주를 뵈옵나이다

혹시 고난을 통과하고 계십니까?
하나님이 나의 인생길을 아시고 나를 다루고 계심을 믿고 끝까지 인내하십시오. 하나님 앞에 나아가 당신의 마음을 토로하십시오. 하나님의 마음을 알게 되고 그로 인해 당신은 어떤 시험도 이겨 낼 수 있는 온유와 겸손의 사람이 되어 있음을 스스로 알게 될 것입니다.

오직 예수!!

9월 23일

(욥기 1장)
21 이르되 내가 모태에서 알몸으로 나왔사온즉 또한 알몸이 그리로 돌아가올지라 주신 이도 여호와시요 거두신 이도 여호와시오니 여호와의 이름이 찬송을 받으실지니이다 하고

하루아침에 재산과 자녀들을 다 잃어버린 욥의 고백을 들어 보십시오.

"주신 이도 여호와시요 거두신 이도 여호와시니 여호와의 이름이 찬송을 받으실지니이다"

보통 사람이라면 하나님을 원망하고 낙심에 빠져 쓰러져 있을 것입니다. 그런데 욥은 지금 하나님의 주권을 인정하며 하나님을 찬송하고 있습니다. 하나님이 욥을 사탄에게 자랑하는 데는 다 이유가 있습니다.

우리가 기억할 것은 하나님은 감당치 못할 시험을 허락하지 않는다는 것입니다. 그러므로 당신이 지금 처한 상황이 어떠하든 범사에 하나님을 인정하고 감사 찬송하십시오. 당신은 어떤 시험이든 능히 이길 수 있습니다.

오직 예수!!

9월 24일

(시편 73편)
23 내가 항상 주와 함께하니 주께서 내 오른손을 붙드셨나이다

하나님은 언제나 우리와 함께하십니다.
문제는 나도 그렇게 하나님과 함께하느냐 하는 것입니다.

시인은 항상 주님과 함께한다고 고백하고 있습니다.

시인이 이렇게 한 것은 하나님의 손길을 경험하였기 때문입니다. 그래서 시인은 하나님을 더 깊이 알기를 갈망하였습니다.

시73:25 하늘에서는 주 외에 누가 내게 있으리요 땅에서는 주밖에 내가 사모할 이 없나이다

당신이 주님과 함께 있는 시간을 확보하고 주님을 갈망한다면 모든 상황에서 역사하시는 주님의 손길을 경험하게 될 것입니다. 당신도 시인처럼 항상 주님과 함께한다고 고백하게 될 것입니다.

하나님 한 분이면 충분합니다.

오직 예수!!

9월 25일

(시편 90편)
14 아침에 주의 인자하심이 우리를 만족하게 하사 우리를 일생 동안 즐겁고 기쁘게 하소서

오늘 본문은 모세의 기도입니다.

그런데 우리가 기억할 것은 이 기도가 이미 그리스도 안에서 성취되었다는 것입니다.
그리스도 안에는 하나님의 충만한 것들이 다 들어 있고 우리가 그분 안으로 들어갔기 때문입니다.

고전1:30 너희는 하나님으로부터 나서 그리스도 예수 안에 있고 예수는 하나님으로부터 나와서 우리에게 지혜와 의로움과 거룩함과 구원함이 되셨으니

당신이 그리스도 안에서 주 예수님과의 친밀함을 놓치지 않는다면 당신은 그리스도 안에서 이 기도의 응답을 날마다 누리게 될 것입니다.

당신은 항상 기뻐하는 자입니다.

오직 예수!!

9월 26일

(누가복음 21장)
36 이러므로 너희는 장차 올 이 모든 일을 능히 피하고 인자 앞에 서도록 항상 기도하며 깨어 있으라 하시니라

그리스도인이 자주 실패하는 이유가 무엇입니까? 기도를 너무 적게 하기 때문입니다. 우리 안에 하나님을 향한 뜨거운 사랑의 불이 타오르지 않은 이유가 무엇입니까? 기도를 너무 적게 하기 때문입니다.

기도에 실패하기에 영적 생활에 실패하는 것입니다.
주님 앞에 온전히 서기 원하십니까? 항상 기도하며 깨어 있으십시오.

골4:2 기도를 계속하고 기도에 감사함으로 깨어 있으라

지금 바로 기도의 무릎을 꿇으십시오. 하나님과의 친밀한 기도가 살면 모든 것이 살아납니다. 충분한 기도가 당신의 마음에 믿음과 담대함과 안식을 부어 줄 것입니다.

♬ 기도는 우리의 안식 빛으로 인도하니 앞길 캄캄할 때 기도 잊지 마세요 ♬

오직 예수!!

9월 27일

(역대하 32장)

8 그와 함께하는 자는 육신의 팔이요 우리와 함께하시는 이는 우리의 하나님 여호와시라 반드시 우리를 도우시고 우리를 대신하여 싸우시리라 하매 백성이 유다 왕 히스기야의 말로 말미암아 안심하니라

"반드시 우리를 도우시고 우리를 대신하여 싸우시리라"
확신에 찬 히스기야의 말에 적의 침입으로 두려워하던 백성들이 안심합니다.

행27:35 떡을 가져다가 모든 사람 앞에서 하나님께 축사하고 떼어 먹기를 시작하매 36 그들도 다 안심하고 받아먹으니

광풍을 만나 죽음의 두려움 속에서 아무것도 먹지 못하던 사람들이 사도 바울의 말을 듣고 안심하고 떡을 받아먹습니다.

이 두 사람의 말이 힘이 있는 것은 그들이 하나님을 믿는 믿음의 말을 하고 있기 때문입니다.

당신의 믿음을 강화시키십시오.
당신의 말을 통해 사람들이 위로와 용기를 얻게 될 것입니다.

오직 예수!!

9월 28일

(이사야 51장)
11 여호와께 구속받은 자들이 돌아와 노래하며 시온으로 돌아오니 영원한 기쁨이 그들의 머리 위에 있고 슬픔과 탄식이 달아나리이다

인생을 살다 보면 자기도 모르게 슬픔과 탄식의 일들이 발생할 수 있습니다. 그럴지라도 믿음의 사람은 하나님을 바라보며 용기를 얻어야 합니다. 이 땅에 모든 일에 하나님의 손길이 미치지 않는 것이 없기 때문입니다.

당신이 하나님을 믿고 그 믿음 위에 굳게 선다면 홍수 위에 좌정하신 하나님을 만나게 될 것입니다.

시29:10 여호와께서 홍수 때에 좌정하셨음이여 여호와께서 영원하도록 왕으로 좌정하시도다

그로 인해 당신의 두려움이 변하여 기도가 되고 당신의 한숨이 변하여 찬송이 되는 일들이 일어날 것입니다.

당신은 하나님의 보호 아래 있는 자입니다.

오직 예수!!

9월 29일

(요한복음 16장)
33 이것을 너희에게 이르는 것은 너희로 내 안에서 평안을 누리게 하려 함이라 세상에서는 너희가 환난을 당하나 담대하라 내가 세상을 이기었노라

부활하신 예수님께서 두려움에 숨어 있던 제자들에게 찾아오셔서 하신 인사가 무엇입니까? '평강이 있을지어다'입니다.

종말을 살아가는 우리에게 필요한 것은 다른 어떤 것이 아니라 바로 주님의 평안입니다.

감사하게도 주님께서 이 평안을 우리에게 부어 주셨습니다. 이제 우리가 할 일은 믿음으로 사용하는 것입니다.

주님의 평안이 당신의 마음을 지배하도록 허락하십시오.
어떤 상황에도 두려워하거나 낙심하지 않는 담대함을 갖게 될 것입니다.

오직 예수!!

9월 30일

(요한복음 6장)
35 예수께서 이르시되 나는 생명의 떡이니 내게 오는 자는 결코 주리지 아니할 터이요 나를 믿는 자는 영원히 목마르지 아니하리라

모든 사람들은 주리지 않고 영원히 목마르지 않는 인생을 살기 원합니다. 그런 인생이 가능할까요? 오늘 본문은 우리에게 그것을 약속하고 있습니다. 조건은 예수님을 믿는 것입니다.

당신이 믿는 자라면 이 약속은 당신의 것입니다. 그리스도 안에 있는 진정한 자아 즉 당신의 영은 지금 이런 삶을 누리고 있습니다. 문제는 이것이 우리의 마음과 삶에도 풀어져야 한다는 것입니다.

요6:57 살아 계신 아버지께서 나를 보내시매 내가 아버지로 말미암아 사는 것같이 나를 먹는 그 사람도 나로 말미암아 살리라

당신의 마음과 생각을 예수님이 지배하게 하십시오. 그래서 예수님으로 살아가는 자가 되십시오. 나는 없고 예수님을 나타내는 풍성한 삶을 살게 될 것입니다.

오직 예수!!

10월

(요나 2장)
7 내 영혼이 내 속에서 피곤할 때에
내가 여호와를 생각하였더니
내 기도가 주께 이르렀사오며
주의 성전에 미쳤나이다

10월 1일

(요나 2장)
7 내 영혼이 내 속에서 피곤할 때에 내가 여호와를 생각하였더니 내 기도가 주께 이르렀사오며 주의 성전에 미쳤나이다

영혼의 곤고함을 느낄 때 우리는 무엇을 해야 하나요?
요나는 하나님을 생각, 즉 바라보았습니다. 지금 요나가 물고기 배 속에 있음을 기억하십시오. 죽음의 상황 속에서 그는 구원의 하나님께 기도하며 감사로 예배합니다.

욘2:9 나는 감사하는 목소리로 주께 제사를 드리며 나의 서원을 주께 갚겠나이다 구원은 여호와께 속하였나이다 하니라

그런 요나를 하나님은 물고기 배 속에서 건져 주십니다. 당신이 어디에 있든지 어떤 상황에 있든지 상관없이 하나님을 생각하고 하나님께 기도하면 살길이 열립니다.

하나님의 눈이 당신을 향하여 있음을 기억하십시오. 당신이 고개를 들어 그분의 눈을 바라볼 때 그분의 사랑과 은혜가 당신의 마음에 부어질 것입니다. 그로 인해 당신은 구원의 하나님께 감사하며 찬송하게 될 것입니다.

오직 예수!!

10월 2일

(하박국 3장)

17 비록 무화과나무가 무성하지 못하며 포도나무에 열매가 없으며 감람나무에 소출이 없으며 밭에 먹을 것이 없으며 우리에 양이 없으며 외양간에 소가 없을지라도 18 나는 여호와로 말미암아 즐거워하며 나의 구원의 하나님으로 말미암아 기뻐하리로다

그리스도를 얻으면 모든 것을 얻은 것이기에 이 땅에서 부족함이 없는 삶을 삽니다. 신령한 것들을 맛보았기에 육신의 것들에 탐닉하지 않습니다. 바로 그리스도 예수 안에 있는 자들의 고백이요 삶입니다. 당신 안에 살아 계신 하나님께 집중하고 그분으로 기뻐하는 자가 되십시오.

시37:4 또 여호와를 기뻐하라 그가 네 마음의 소원을 네게 이루어 주시리로다

하나님께서 당신의 모든 필요를 풍성하게 채우실 것입니다.
당신은 부족함이 없는 인생을 살게 될 것입니다.

당신은 하늘에 속한 자입니다.

오직 예수!!

10월 3일

(예레미야애가 3장)
33 주께서 인생으로 고생하게 하시며 근심하게 하심은 본심이 아니시로다

성경을 읽으면서 하나님의 마음을 바로 아는 것이 너무나 중요합니다. 어느 부모가 자신의 자녀가 고통과 근심 가운데 사는 것을 좋아하겠습니까? 고통과 근심 가운데 사는 것은 하나님의 뜻이 아닙니다. 하나님은 당신의 자녀들이 건강하고 기쁘게 살기를 원하십니다. 그리고 또 그렇게 하실 수 있는 분이십니다.

문제는 우리가 죄를 지어 마귀에게 틈을 주기 때문에 내 인생에 고통도 근심도 생기는 것입니다. 혹시 고통과 근심 가운데 있습니까? 주님의 마음을 헤아려 보십시오. 당신을 향한 하나님의 사랑은 변한 적이 없습니다.

그 사랑을 깊이 묵상하십시오. 평강이 임할 것입니다. 용기와 담대함이 임할 것입니다.

어떤 상황도 이겨 낼 수 있는 힘이 생길 것입니다.

오직 예수!!

10월 4일

(에베소서 6장)
10 끝으로 너희가 주 안에서와 그 힘의 능력으로 강건하여지고

우리의 적 마귀가 우는 사자처럼 공격하는 이때에 우리가 그의 유혹과 공격에 넘어지지 않고 승리하는 길은 주님 안에서 강해지는 것입니다.

우리의 강함은 어디에서 오는 것입니까? 하나님의 은혜를 먹음으로써 우리는 강해집니다.

딤후2:1 내 아들아 그러므로 너는 그리스도 예수 안에 있는 은혜 가운데서 강하고

하나님의 은혜가 당신의 마음에 부어질 때 당신은 세상을 능히 이길 수 있는 사람이 될 것입니다.

매일의 삶에서 주님의 은혜가 당신을 다스리게 하십시오. 이 땅에서 참된 자유와 행복을 누리게 될 것입니다.

당신은 은혜 아래 있는 자입니다.

오직 예수!!

10월 5일

(마태복음 12장)
34 독사의 자식들아 너희는 악하니 어떻게 선한 말을 할 수 있느냐 이는 마음에 가득한 것을 입으로 말함이라 35 선한 사람은 그 쌓은 선에서 선한 것을 내고 악한 사람은 그 쌓은 악에서 악한 것을 내느니라

그 사람의 말을 들어 보면 그 사람의 마음에 무엇이 들어있는지 알 수 있습니다. 그 마음에 가득한 것을 말하기 때문입니다. 중요한 것은 우리가 하는 말의 열매를 우리가 먹는다는 것입니다. 당신의 말에 권세가 있음을 잊지 마십시오. 행복하기를 원한다면 행복의 말을 하십시오. 건강하기를 원한다면 건강의 말을 하십시오. 무엇보다 당신의 마음을 말씀으로 가득 채우십시오.

골3:16 그리스도의 말씀이 너희 속에 풍성히 거하여 모든 지혜로 피차 가르치며 권면하고 시와 찬송과 신령한 노래를 부르며 감사하는 마음으로 하나님을 찬양하고

말씀대로 말하게 될 것입니다. 당신이 말한 것을 가지게 되고 누리게 될 것입니다.

당신의 입에 권세가 있습니다.

오직 예수!!

10월 6일

(골로새서 3장)
1 그러므로 너희가 그리스도와 함께 다시 살리심을 받았으면 위의 것을 찾으라 거기는 그리스도께서 하나님 우편에 앉아 계시느니라

당신이 거듭나 하나님의 자녀가 되었다면 이제 위의 것에 시선을 고정하며 살아야 합니다. 우리는 그리스도 안에서 이미 하늘에 앉아 있기 때문입니다.

엡2:6 또 함께 일으키사 그리스도 예수 안에서 함께 하늘에 앉히시니

당신의 몸은 아직 땅에서 살지만 진정한 당신은 그리스도 안에서 하늘을 사는 자임을 잊지 마십시오. 하늘에서 땅을 보는 자가 되십시오. 땅의 것들이 아무리 커도 작게 보일 것입니다. 어떤 시련도 문제도 당신에게는 아무것도 아닌 것이 될 것입니다.

보좌에 앉은 자처럼 권세를 가지고 예수 이름으로 명령하십시오. 묶인 것이 풀어지고 막힌 것이 뚫어질 것입니다. 당신은 하늘에 속한 자입니다.

오직 예수!!

10월 7일

(마가복음 9장)
23 예수께서 이르시되 할 수 있거든이 무슨 말이냐 믿는 자에게는 능히 하지 못할 일이 없느니라 하시니

그리스도인은 자신이 누구인지 무엇을 가졌는지 무엇을 할 수 있는지 잘 알고 있어야 합니다. 당신은 그리스도 안에 있기에 그리스도 안에 있는 믿음을 가진 자입니다. 그 믿음은 곧 하나님의 믿음이기에 무엇이든지 할 수 있습니다.

믿음으로 말하십시오. 믿음으로 기도하십시오. 반드시 역사가 일어날 것입니다.

살전1:3 너희의 믿음의 역사와 사랑의 수고와 우리 주 예수 그리스도에 대한 소망의 인내를 우리 하나님 아버지 앞에서 끊임없이 기억함이니

그리스도 안에 있는 믿음에는 역사가 따릅니다. 그리스도 예수 안에 온전히 거하십시오. 그분의 은혜와 지식에서 자라 가십시오. 당신의 믿음이 커질 것입니다. 믿음으로 세상을 이기는 자가 될 것입니다.

오직 예수!!

10월 8일

(마가복음 16장)

17 믿는 자들에게는 이런 표적이 따르리니 곧 그들이 내 이름으로 귀신을 쫓아내며 새 방언을 말하며 18 뱀을 집어 올리며 무슨 독을 마실지라도 해를 받지 아니하며 병든 사람에게 손을 얹은즉 나으리라 하시더라

말씀이 약속한 것은 믿어도 됩니다. 하나님은 거짓말을 하지 않으시기 때문입니다.

히6:18 이는 하나님이 거짓말을 하실 수 없는 이 두 가지 변하지 못할 사실로 말미암아 앞에 있는 소망을 얻으려고 피난처를 찾은 우리에게 큰 안위를 받게 하려 하심이라

당신이 정말 예수님을 믿는 자라면 오늘 말씀은 당신의 것입니다. 당신이 영혼들을 섬길 때 그 영혼을 위해서 당신에게 주어진 이 능력들을 사용하십시오.

당신을 통해 주님의 능력이 나타날 것입니다. 당신이 어떤 상황에도 마음에 겸손과 믿음을 잃지 않는다면 계속해서 능력의 통로로 쓰임 받게 될 것입니다. 당신은 하나님의 능력을 가진 자입니다.

오직 예수!!

10월 9일

(누가복음 1장)
37 대저 하나님의 모든 말씀은 능하지 못하심이 없느니라 38 마리아가 이르되 주의 여종이오니 말씀대로 내게 이루어지이다 하매 천사가 떠나가니라

하나님의 말씀은 능력입니다.
그래서 말씀을 믿는 자들은 말씀의 능력을 경험합니다. 마리아는 남자를 알지 못하는 처녀임에도 천사가 전한 주님의 말씀을 그대로 믿어 예수님을 잉태하는 복을 받은 것입니다.

당신에게 들려지는 주의 말씀을 의심하지 말고 확고하게 믿으십시오.

눅5:5 시몬이 대답하여 이르되 선생님 우리들이 밤이 새도록 수고하였으되 잡은 것이 없지마는 말씀에 의지하여 내가 그물을 내리리이다 하고

이성적으로 이해가 되지 않아도 믿으십시오. 말씀은 우리의 이성과 지식을 초월합니다. 기적을 경험하게 될 것입니다.

말씀이 하나님이십니다.

오직 예수!!

10월 10일

(누가복음 15장)
20 이에 일어나서 아버지께로 돌아가니라 아직도 거리가 먼데 아버지가 그를 보고 측은히 여겨 달려가 목을 안고 입을 맞추니

하나님 아버지의 한량없는 사랑을 찬양합니다. 우리의 어떠함에 상관없이 존재 자체로 사랑하시기에 불효한 둘째 아들을 기쁨으로 안아 주고 다시 세워 주신 것입니다. 삶이 힘들고 어려울 때 낙심하지 말고 아버지께 나아가 그분의 품에 안기십시오. 쉼을 얻게 될 것입니다.

마11:28 수고하고 무거운 짐 진 자들아 다 내게로 오라 내가 너희를 쉬게 하리라

마음으로 아버지와 멀어진 것 같다면 빨리 아버지께로 돌아가십시오.

아버지께서 당신을 기다리고 계십니다. 당신의 행복은 하나님 아버지와 함께 사는 것임을 잊지 마십시오.

당신은 하나님의 사랑받는 자녀입니다.

오직 예수!!

10월 11일

(사도행전 10장)
38 하나님이 나사렛 예수에게 성령과 능력을 기름 붓듯 하셨으매 그가 두루 다니시며 선한 일을 행하시고 마귀에게 눌린 모든 사람을 고치셨으니 이는 하나님이 함께하셨음이라

예수님이 강력한 사역을 할 수 있었던 것은 하나님이 함께하셨기 때문입니다.

하나님이 당신과 함께하심이 진정한 권능임을 잊지 마십시오.

당신은 하나님이 당신 안에 계심을 알고 계십니까?
당신이 주님이 함께하심을 믿고 안다면 그 무엇도 두렵지 않는 담대함이 있을 것입니다.

당신을 통해 성령과 능력이 나타나 증인의 삶을 살게 될 것입니다.

당신은 권능을 받은 자입니다.

오직 예수!!

10월 12일

(요한복음 3장)
3 예수께서 대답하여 이르시되 진실로 진실로 네게 이르노니 사람이 거듭나지 아니하면 하나님의 나라를 볼 수 없느니라

한 번 태어나면 두 번 죽고 두 번 태어나면 한 번 죽는다는 말이 있습니다. 다시 태어나는 거듭남이 없다면 당신은 육체의 죽음과 함께 지옥 불에 떨어지는 영원한 죽음을 겪게 됩니다.

당신은 거듭났습니까?
예수님을 주님으로 영접했다면 그래서 성령님이 당신 안에 계시면 당신은 거듭난 하나님의 자녀입니다.

요1:12 영접하는 자 곧 그 이름을 믿는 자들에게는 하나님의 자녀가 되는 권세를 주셨으니 13 이는 혈통으로나 육정으로나 사람의 뜻으로 나지 아니하고 오직 하나님께로부터 난 자들이니라

이제 당신은 하나님의 나라를 볼 수 있는 영적 눈이 열린 사람입니다. 땅에 살지만 위의 것들을 찾고 누리는 사람입니다. 하나님으로부터 난 자의 복을 이 땅에서 누리십시오. 당신은 하나님의 나라를 소유한 자입니다.

오직 예수!!

10월 13일

(요한복음 14장)
27 평안을 너희에게 끼치노니 곧 나의 평안을 너희에게 주노라 내가 너희에게 주는 것은 세상이 주는 것과 같지 아니하니라 너희는 마음에 근심하지도 말고 두려워하지도 말라

그리스도인은 세상이 알지 못하는 평안을 가진 자입니다.
이 평안이 내 안에서 작동할 때 어떤 상황에도 근심하거나 두려워하지 않게 됩니다.

세상이 악하기에 믿는 우리들에게도 근심된 일이 일어나기도 합니다. 그러나 거기에 묶여 낙심할 이유가 없습니다.

요14:1 너희는 마음에 근심하지 말라 하나님을 믿으니 또 나를 믿으라

믿음에 굳게 서서 당신 안에 주어진 평안을 선택하고 감사하십시오. 주님의 평안이 당신의 마음을 다스리게 될 것입니다.

당신이 주 예수님과 친밀할수록 이 은혜는 더 깊어질 것입니다.

당신은 주님의 평안을 가진 자입니다.

오직 예수!!

10월 14일

(고린도후서 5장)
14 그리스도의 사랑이 우리를 강권하시는도다 우리가 생각하건대 한 사람이 모든 사람을 대신하여 죽었은즉 모든 사람이 죽은 것이라

그리스도인들은 그리스도의 사랑에 사로잡혀 살아야 합니다.
이것의 중요성은 아무리 강조해도 지나치지 않습니다.

그리스도의 사랑에 사로잡혀 살아야 주님을 위해 죽도록 충성할 수 있습니다. 그리스도의 사랑에 붙잡혀 살아야 핍박도 고난도 기쁨으로 이겨 낼 수 있습니다.

그리스도의 사랑에 이끌려 살아야 어디에 있든지 누구를 만나든지 두려워하지 않게 됩니다.

당신은 그리스도의 사랑에 붙잡혀 살고 계십니까?
그리스도의 사랑의 너비와 길이와 높이와 깊이가 어떠함을 알기를 힘쓰십시오. 아는 만큼 그리스도의 사랑에 붙잡히게 될 것입니다. 당신은 사랑으로 행하는 자가 될 것입니다.

당신은 그리스도의 사랑 안에 있는 자입니다.

오직 예수!!

10월 15일

(사도행전 2장)
4 그들이 다 성령의 충만함을 받고 성령이 말하게 하심을 따라 다른 언어들로 말하기를 시작하니라

오순절 날 제자들이 아버지의 약속하신 성령을 충만히 받게 됩니다. 그러자 그들의 삶이 달라집니다. 죽음이 무서워 벌벌 떨던 그들이 담대해졌습니다. 주님을 위해 받는 핍박을 도리어 기쁘게 여깁니다.

사역에도 능력이 나타납니다. 예수 이름의 권능이 그들을 통해 나타납니다. 주님께서 우리에게 성령의 충만을 받으라 하신 이유가 여기에 있습니다.

엡5:18 술 취하지 말라 이는 방탕한 것이니 오직 성령으로 충만함을 받으라

당신도 구하십시오. 아버지께서 가장 좋은 성령님을 주실 것입니다. 당신은 성령님 안에서 의와 평강과 희락이 넘치는 하나님 나라의 삶을 살게 될 것입니다. 당신 안에 성령님이 계십니다.

오직 예수!!

10월 16일

(요한복음 1장)
14 말씀이 육신이 되어 우리 가운데 거하시매 우리가 그의 영광을 보니 아버지의 독생자의 영광이요 은혜와 진리가 충만하더라

예수님은 은혜와 진리가 충만한 분이십니다.
그래서 예수를 믿고 하나님의 자녀가 된 사람들은 주님의 은혜와 진리 안에 살게 됩니다.

이제 그리스도인들은 율법 아래 있지 아니하고 은혜 아래 있기에 정죄함이 없습니다. 주님은 당신을 정죄하지 않습니다. 당신도 자신을 정죄하지 마십시오.

롬8:1 그러므로 이제 그리스도 예수 안에 있는 자에게는 결코 정죄함이 없나니

예수님과 친밀한 관계 가운데 살아가십시오.
그분 안에 있는 은혜와 진리가 당신에게 흘러 들어와 넘치게 될 것입니다. 은혜가 주는 평안과 담대함을 누리게 될 것입니다.

진리가 주는 생명과 자유를 누리게 될 것입니다.

오직 예수!!

10월 17일

(요한복음 6장)
57 살아 계신 아버지께서 나를 보내시매 내가 아버지로 말미암아 사는 것같이 나를 먹는 그 사람도 나로 말미암아 살리라

어떻게 살아야 잘 사는 것일까요? 예수님처럼 사시면 됩니다.
예수님은 철저하게 아버지 안에서 아버지로 말미암아 살았습니다. 우리도 이제 내 안에 생명으로 와 계신 예수님 안에서 예수님으로 살면 됩니다.

날마다 예수님이 주는 떡과 생수를 먹고 마시며 그분으로 충만해지십시오.

골3:17 또 무엇을 하든지 말에나 일에나 다 주 예수의 이름으로 하고 그를 힘입어 하나님 아버지께 감사하라

무엇을 하든지 말에나 일에나 다 주 예수의 이름으로 하게 될 것입니다.
당신은 예수님처럼 항상 기뻐하고 많은 사람을 부요하게 하고 모든 것을 가진 자로 살게 될 것입니다.

당신은 없습니다. 주님이십니다.

오직 예수!!

10월 18일

(에베소서 4장)
15 오직 사랑 안에서 참된 것을 하여 범사에 그에게까지 자랄지라 그는 머리니 곧 그리스도라

그리스도인은 모든 일상적인 삶에서 예수님을 나타내기까지 자라 가야 합니다. 예수님을 나타내는 자의 삶에는 사랑의 열매가 맺어집니다.

엡5:2 그리스도께서 너희를 사랑하신 것같이 너희도 사랑 가운데서 행하라 그는 우리를 위하여 자신을 버리사 향기로운 제물과 희생 제물로 하나님께 드리셨느니라

예수 그리스도는 사랑입니다. 그러므로 당신이 예수님처럼 살려면 사랑을 행하는 자가 되어야 합니다. 그리스도께서 당신을 사랑하신 것처럼 당신도 사랑 가운데서 행하십시오. 그것이 당신을 예수님을 닮아 가는 자로 성장하게 할 것입니다.

당신이 계속해서 사랑 안에서 산다면 예수님과 온전한 연합을 이루게 될 것입니다. 그로 인해 당신은 예수님을 나타내는 자가 될 것입니다. 사람들이 당신을 통해 예수님을 보게 될 것입니다.

오직 예수!!

10월 19일

(로마서 8장)

6 육신의 생각은 사망이요 영의 생각은 생명과 평안이니라

하나님은 우리가 영의 생각을 따라 살기 원하십니다. 그런데 영으로 살 것인지 육신으로 살 것인지는 우리가 선택해야 합니다. 당신이 영의 생각을 따라 살기 원한다면 먼저 당신이 어떤 존재임을 아십시오.

롬8:9 만일 너희 속에 하나님의 영이 거하시면 너희가 육신에 있지 아니하고 영에 있나니 누구든지 그리스도의 영이 없으면 그리스도의 사람이 아니라

당신은 육신에 있지 아니하고 영에 있습니다. 즉 당신은 영적 존재입니다. 그래서 영의 생각을 하고 영의 열매를 맺으며 사는 것이 당연합니다.

성령님과 친밀해지십시오. 영으로 기능하는 것이 훨씬 더 쉬워질 것입니다. 당신은 이 땅에서 영의 열매인 생명과 평안을 누리게 살게 될 것입니다. 당신은 영적 존재입니다.

오직 예수!!

10월 20일

(잠언 27장)
1 너는 내일 일을 자랑하지 말라 하루 동안에 무슨 일이 일어나는지 네가 알 수 없음이니라

내일 일을 자랑하거나 반대로 걱정하지 말 것은 내일 무슨 일이 일어날지 우리가 모르기 때문입니다.

인생이 항상 일정하지 않는 것은 하나님께서 우리의 인생을 형통할 때가 있는가 하면 곤고할 때도 있게 하시기 때문입니다.

기억하십시오. 당신의 앞날이 하나님의 손에 있습니다.

시31:15 나의 앞날이 주의 손에 있사오니 내 원수들과 나를 핍박하는 자들의 손에서 나를 건져 주소서

하루하루를 하나님을 당신 앞에 모시고 살아가십시오.
당신의 인생이 행복하게 될 것입니다. 모든 것을 합력하여 선을 이루시는 하나님의 손길을 보게 될 것입니다.

당신은 하나님의 손에 있습니다.

오직 예수!!

10월 21일

(고린도전서 15장)
10 그러나 내가 나 된 것은 하나님의 은혜로 된 것이니 내게 주신 그의 은혜가 헛되지 아니하여 내가 모든 사도보다 더 많이 수고하였으나 내가 한 것이 아니요 오직 나와 함께하신 하나님의 은혜로라

"모든 것이 다 하나님의 은혜였습니다."

이것이 언제나 당신의 고백이 되게 하십시오. 이를 위해 하나님의 은혜로 사는 자가 되십시오. 당신의 시선이 언제나 주님께로 향하기 원한다면 그래서 주님과 함께 늘 동행하기 원한다면 은혜의 보좌 앞으로 날마다 나아가 충분한 은혜를 공급받으십시오.

히4:16 그러므로 우리는 긍휼하심을 받고 때를 따라 돕는 은혜를 얻기 위하여 은혜의 보좌 앞에 담대히 나아갈 것이니라

당신이 은혜의 보좌 앞으로 나아가는 시간이 많을수록 주님을 위한 사역이 기쁨이요 복이 될 것입니다.

당신은 은혜 아래 있는 자입니다.

오직 예수!!

10월 22일

(시편 119편)
71 고난 당한 것이 내게 유익이라 이로 말미암아 내가 주의 율례들을 배우게 되었나이다

왜 고난이 우리에게 유익입니까? 하나님이 그 고난에 개입하고 계시기 때문입니다. 당신이 당하는 고난이 당신을 온전하게 하고 굳건하게 하고 강하게 할 것입니다.

고난 속에서 당신은 하나님의 사랑과 위로가 얼마나 달콤한지 경험하게 될 것입니다.

지금 고난을 통과하고 계십니까? 고난에 집중하지 마시고 그 고난 속에서 당신을 붙잡고 계시는 주님께 집중하십시오.
고난이 유익이라 고백하게 될 것입니다.

롬8:18 생각하건대 현재의 고난은 장차 우리에게 나타날 영광과 비교할 수 없도다

당신은 고난을 통해서 주님의 영광을 보고 누리게 될 것입니다.
고난은 잠깐이지만 영광은 영원합니다.

오직 예수!!

10월 23일

(에베소서 1장)
17 우리 주 예수 그리스도의 하나님, 영광의 아버지께서 지혜와 계시의 영을 너희에게 주사 하나님을 알게 하시고

신앙생활은 하나님을 인격적으로 알고 사랑하는 것입니다.
당신은 하나님을 아는 지식에서 자라 가고 계십니까?

이스라엘이 망한 이유가 하나님을 아는 지식이 없었기 때문임을 잊지 마십시오.

호4:6 내 백성이 지식이 없으므로 망하는도다 네가 지식을 버렸으니 나도 너를 버려 내 제사장이 되지 못하게 할 것이요 네가 네 하나님의 율법을 잊었으니 나도 네 자녀들을 잊어버리리라

"아버지! 지혜와 계시의 영을 주사 하나님을 알게 하옵소서."
이것이 날마다 당신의 기도가 되게 하십시오. 하나님을 아는 일에 놀라운 성장이 있게 될 것입니다. 당신이 성장한 만큼 하나님을 사랑하는 마음도 커지게 될 것입니다.

당신은 지혜와 계시의 영이신 성령님을 모시고 사는 자입니다.

오직 예수!!

10월 24일

(골로새서 1장)
13 그가 우리를 흑암의 권세에서 건져 내사 그의 사랑의 아들의 나라로 옮기셨으니

당신이 예수님을 믿고 거듭났다면 당신은 이제 하나님의 나라에 거하는 자입니다. 하나님께서 당신을 흑암의 권세에서 건져 내사 그의 사랑의 아들의 나라로 옮겨 주셨기 때문입니다. 이제 당신은 더 이상 마귀에게 죄에게 종노릇할 필요가 없습니다.

빌3:20 그러나 우리의 시민권은 하늘에 있는지라 거기로부터 구원하는 자 곧 주 예수 그리스도를 기다리노니

당신은 하늘나라 시민권자로서 하나님의 나라의 것들을 누릴 수 있습니다. 의와 평강과 희락이 당신의 것입니다. 사랑과 건강과 부요함이 당신의 것입니다. 믿음으로 취하고 이 땅에서 누리십시오.

당신이 매일 주님과의 사귐에 집중한다면 이 누림이 풍성할 것입니다. 당신은 하나님의 나라에 있습니다.

오직 예수!!

10월 25일

(디모데후서 3장)
16 모든 성경은 하나님의 감동으로 된 것으로 교훈과 책망과 바르게 함과 의로 교육하기에 유익하니 17 이는 하나님의 사람으로 온전하게 하며 모든 선한 일을 행할 능력을 갖추게 하려 함이라

성경은 사람의 책이 아니라 하나님의 살아 있는 말씀입니다.
그래서 말씀을 가까이하면 사람이 변화됩니다.

당신이 하나님 앞에서 온전하고 거룩하기 원한다면 말씀을 가까이하고 사랑하십시오. 말씀이 당신을 온전하게 하고 거룩하게 할 것입니다.

요17:17 그들을 진리로 거룩하게 하옵소서 아버지의 말씀은 진리니이다

당신의 생각과 말과 행동이 말씀과 일치될 때까지 주의 말씀을 주야로 묵상하십시오. 당신은 말씀과 선한 일의 통로로 쓰임 받게 될 것입니다.

당신은 말씀의 사람입니다.

오직 예수!!

10월 26일

(마가복음 10장)

45 인자가 온 것은 섬김을 받으려 함이 아니라 도리어 섬기려 하고 자기 목숨을 많은 사람의 대속물로 주려 함이니라

예수님이 이 땅에 오서서 우리들을 위해 희생 제물이 되어 주신 것처럼 하나님은 우리도 영혼들을 위해서 사랑의 제물이 되기를 원하십니다.

이 삶은 나는 죽고 예수님으로 사는 자들만이 가능합니다. 인간은 섬기기보다는 섬김받는 것을 더 좋아하고 사랑받는 것을 더 좋아하기 때문입니다. 자신이 살아 있는 자는 섬김의 삶을 살기가 어렵습니다. 바울이 자신의 생명까지 영혼들을 위해 희생할 수 있었던 것은 그가 날마다 죽었기 때문입니다.

고전15:31 형제들아 내가 그리스도 예수 우리 주 안에서 가진바 너희에 대한 나의 자랑을 두고 단언하노니 나는 날마다 죽노라

당신의 옛사람이 죽었음을 인정하고 예수님으로 살아가기를 선택하십시오. 예수님의 성품을 나타내는 자가 될 것입니다. 하나님 나라에서 큰 자가 될 것입니다.

오직 예수!!

10월 27일

(누가복음 21장)

34 너희는 스스로 조심하라 그렇지 않으면 방탕함과 술 취함과 생활의 염려로 마음이 둔하여지고 뜻밖에 그날이 덫과 같이 너희에게 임하리라

주님은 반드시 다시 오십니다. 당신이 기쁨으로 주님 앞에 서기 원한다면 늘 자신을 점검하십시오. 무엇보다도 당신의 마음이 주님으로부터 멀어지지 않도록 늘 깨어 있으십시오.

본문은 세 가지를 조심하라 하십니다.

방탕함은 헛된 일로 시간을 낭비하는 것이요 술 취함은 하나님이 아닌 세상을 사랑함이요 생활의 염려는 두 마음을 품는 것입니다.

이것들이 당신의 마음을 주님으로부터 멀어지게 합니다. 그러므로 당신의 마음이 주님의 은혜로 채워져 있도록 늘 깨어 있으십시오. 주님과의 친밀한 교제가 늘 당신의 첫째가 된다면 당신은 당당하게 하나님 앞에 서게 될 것입니다.

당신은 은혜 아래 있는 자입니다.

오직 예수!!

10월 28일

(요한일서 4장)
7 사랑하는 자들아 우리가 서로 사랑하자 사랑은 하나님께 속한 것이
니 사랑하는 자마다 하나님으로부터 나서 하나님을 알고

서로 사랑하십시오!!
당신이 하나님으로부터 났다면 당신은 사랑하는 자입니다.
당신 안에는 하나님의 사랑이 부어져 있습니다.

(로마서 5장)
5 소망이 우리를 부끄럽게 하지 아니함은 우리에게 주신 성령으로 말
미암아 하나님의 사랑이 우리 마음에 부은 바 됨이니

이제 사랑하기로 선택만 하시면 됩니다.

사랑함으로 당신은 온전하여질 것입니다. 당신의 사랑이 깊어지고 넓어
질수록 당신을 통해 사람들이 하나님을 보게 될 것입니다.

당신은 사랑하는 자입니다.

오직 예수!!

10월 29일

(고린도후서 13장)
5 너희는 믿음 안에 있는가 너희 자신을 시험하고 너희 자신을 확증하라 예수 그리스도께서 너희 안에 계신 줄을 너희가 스스로 알지 못하느냐 그렇지 않으면 너희는 버림받은 자니라

당신은 믿음 안에 있습니까? 예수님이 당신 안에 계심을 알고 계십니까? 믿음 안에 있는 것과 예수님이 당신 안에 계시는 것은 같은 의미입니다.

만약 당신이 믿음으로 예수님을 영접했다면 당신 안에는 주 예수님이 계십니다. 이것은 느낌으로 아는 것이 아니라 믿음으로 아는 것입니다. 알았다면 이제 당신 안에 계신 주님과의 교제에 집중하십시오.

요14:12 내가 진실로 진실로 너희에게 이르노니 나를 믿는 자는 내가 하는 일을 그도 할 것이요 또한 그보다 큰일도 하리니 이는 내가 아버지께로 감이라

당신이 주님을 신뢰하면 할수록 이 땅에서 예수님이 하신 일을 하게 될 것입니다. 당신은 예수님을 나타내는 자입니다.

오직 예수!!

10월 30일

(요한복음 13장)
2 마귀가 벌써 시몬의 아들 가룟 유다의 마음에 예수를 팔려는 생각을 넣었더라

당신의 마음속에 들어오는 생각들을 분별하십시오. 당신의 생각이 당신이 아닙니다. 마귀가 가룟 유다의 마음에 예수를 팔려는 생각을 넣었습니다. 가룟 유다는 마귀가 넣어 준 생각을 자신의 생각으로 알고 행동하여 넘어진 것입니다.

승리의 삶을 원하십니까?
말씀이 당신의 의식을 사로잡을 때까지 당신의 마음과 생각의 시선을 말씀에 고정하십시오.

롬12:2 너희는 이 세대를 본받지 말고 오직 마음을 새롭게 함으로 변화를 받아 하나님의 선하시고 기뻐하시고 온전하신 뜻이 무엇인지 분별하도록 하라

말씀대로 생각하고 말하고 행동하게 될 것입니다.

당신은 생각의 전쟁에서 이기게 될 것입니다.

오직 예수!!

10월 31일

(사도행전 20장)
32 지금 내가 여러분을 주와 및 그 은혜의 말씀에 부탁하노니 그 말씀이 여러분을 능히 든든히 세우사 거룩하게 하심을 입은 모든 자 가운데 기업이 있게 하시리라

말씀에게 당신의 인생을 맡기십시오.
그 말씀이 당신의 마음과 믿음을 굳건하게 하여 세상을 이기게 할 것입니다. 그 말씀이 어떤 상황도 능히 이길 은혜와 큰 평안을 주실 것입니다.

시119:165 주의 법을 사랑하는 자에게는 큰 평안이 있으니 그들에게 장애물이 없으리이다

그 말씀이 당신을 거룩하게 만들어 빛과 소금의 역할을 하게 할 것입니다. 말씀에 굳게 서서 당신의 인생을 살아가십시오.

말씀이 당신의 가는 길에 빛이 되어 주고 등불이 되어 줄 것입니다.

당신은 말씀을 가진 자입니다.

오직 예수!!

11월

(창세기 5장)
24 에녹이 하나님과 동행하더니
하나님이 그를 데려가시므로
세상에 있지 아니하였더라

11월 1일

(창세기 5장)
24 에녹이 하나님과 동행하더니 하나님이 그를 데려가시므로 세상에
있지 아니하였더라

에녹은 죄악이 관영한 시대에 하나님과 동행한 믿음의 사람입니다. 하나
님과의 친밀함이 얼마나 깊었던지 하나님께서 그를 데려가셨습니다. 에
녹도 하나님과 함께 있는 것이 너무나 좋아 이 땅의 것들을 다 내려놓고
하나님을 따라갔습니다. 하나님 한 분만으로 만족한 인생이 된 것입니다.

"하나님 한 분으로 만족한 인생이 되는 것."

이것이 우리의 신앙의 목표입니다.
당신은 어떻습니까? 하나님이 좋아서 다른 어떤 것에도 별 관심이 없는
인생을 살고 계십니까?

은혜의 보좌 앞으로 나아가 하나님의 사랑과 은혜를 알고 경험하는 시간
을 자주 가지십시오. 무엇보다도 하나님과 함께 마음을 나누고 동행하는
삶을 추구하십시오. 하나님 한 분이면 충분하다는 고백을 하게 될 것입
니다.

오직 예수!!

11월 2일

(잠언 3장)
6 너는 범사에 그를 인정하라 그리하면 네 길을 지도하시리라

모든 범사에 하나님을 인정하고 하나님의 지도를 받으십시오. 나의 지혜와 경험보다 훨씬 더 뛰어나신 하나님의 지혜로 산다면 당신은 삶은 형통할 것입니다.

형통의 의미를 바로 아십시오. 요셉은 보디발의 집에 노예로 팔려 갔는데 성경은 그가 형통하였다고 말하고 있습니다.

창39:2 여호와께서 요셉과 함께하시므로 그가 형통한 자가 되어 그의 주인 애굽 사람의 집에 있으니

형통이란 하나님이 함께하심이요, 모든 일이 하나님의 뜻대로 되어 가는 것입니다. 그러므로 하나님이 함께하셔서 당신의 인생길을 이끌고 계시다면 당신은 형통한 자입니다.

혹시 지금의 상황이 힘들다고 낙심하거나 두려워하지 마십시오. 요셉의 결말을 기억하고 하나님을 끝까지 신뢰하고 인내하십시오. 하나님의 뜻이 당신을 통해 이루어질 것입니다.

오직 예수!!

11월 3일

(누가복음 24장)
49 볼지어다 내가 내 아버지께서 약속하신 것을 너희에게 보내리니 너희는 위로부터 능력으로 입혀질 때까지 이 성에 머물라 하시니라

하나님 앞에 머물러 살기를 힘쓰는 당신을 응원합니다. 우리가 하나님 앞에 머물며 그분의 능력으로 무장되어야 할 이유가 있습니다.

마26:41 시험에 들지 않게 깨어 기도하라 마음에는 원이로되 육신이 약하도다 하시고

마음은 원이로되 육신이 약하기 때문입니다. 예수님을 부인한 베드로를 기억하십시오. 승리와 자유를 누리며 살기 원하십니까? 하나님 앞에서 거룩한 시간의 낭비를 하십시오. 당신이 하나님 앞에 머무는 시간이 많으면 많을수록 당신의 삶은 하나님의 것들로 충만하게 될 것입니다.

당신은 주님 안에서 승리하는 인생을 살게 될 것입니다.
당신은 하나님의 하루를 사는 자입니다.

오직 예수!!

11월 4일

(로마서 6장)
6 우리가 알거니와 우리의 옛사람이 예수와 함께 십자가에 못 박힌 것은 죄의 몸이 죽어 다시는 우리가 죄에게 종노릇하지 아니하려 함이니

우리의 옛사람은 예수님과 함께 죽었습니다.
이제 우리는 예수 그리스도 안에서 새사람이 되었습니다.

엡4:24 하나님을 따라 의와 진리의 거룩함으로 지으심을 받은 새사람을 입으라

우리는 이제 날마다 내가 죽었음을 인정하고 새사람을 입은 삶을 살아야 합니다.

이것은 곧 육신의 생각은 거절하고 영의 생각을 선택하는 것입니다.

당신이 날마다 그리스도 예수 안에 있는 나로 살 때 당신을 통해 예수님의 성품과 능력이 나타날 것입니다.

당신은 없습니다. 주님이십니다.

오직 예수!!

11월 5일

(요한일서 4장)
17 이로써 사랑이 우리에게 온전히 이루어진 것은 우리로 심판 날에 담대함을 가지게 하려 함이니 주께서 그러하심과 같이 우리도 이 세상에서 그러하니라

하나님의 사랑을 의심하지 마십시오.
하나님은 당신의 어떠함에 상관없이 당신의 존재 자체로 사랑하십니다.
당신이 예수님 안에 있기 때문입니다.

하나님께서는 예수님과 똑같이 당신을 대하십니다. 당신의 가치는 예수님의 가치입니다.

그러므로 어떤 상황에도 담대하십시오. 당신은 잘될 수밖에 없습니다.
하나님의 사랑이 당신을 이끌고 계시기 때문입니다.

유1:21 하나님의 사랑 안에서 자신을 지키며 영생에 이르도록 우리 주 예수 그리스도의 긍휼을 기다리라

변함없는 하나님의 사랑 안에서 자신을 지키며 예수님과 하나 됨을 누리십시오. 이 땅에서 예수님의 생명을 나타내는 자가 될 것입니다.

오직 예수!!

11월 6일

(사무엘하 8장)
6 다윗이 다메섹 아람에 수비대를 두매 아람 사람이 다윗의 종이 되어 조공을 바치니라 다윗이 어디로 가든지 여호와께서 이기게 하시니라

다윗은 자신이 전쟁에서 이기는 길이 하나님께 있음을 알았습니다. 그래서 다윗은 항상 하나님 앞에서 살기를 힘썼습니다.

시16:8 내가 여호와를 항상 내 앞에 모심이여 그가 나의 오른쪽에 계시므로 내가 흔들리지 아니하리로다

'하나님만을 바라보는 것' 그것이 승리의 비결입니다.

우리가 무언가에 실패한다면 그것은 우리가 하나님이 아닌 다른 것을 바라보기 때문입니다. 당신의 마음의 시선이 어디에 가 있는지 늘 살피십시오.

문제를 묵상하지 말고 그 문제를 해결해 주시는 하나님을 늘 묵상하십시오. 당신은 모든 싸움에서 이기는 삶을 누리게 될 것입니다.
당신은 이기는 자입니다.

오직 예수!!

11월 7일

(출애굽기 14장)

21 모세가 바다 위로 손을 내밀매 여호와께서 큰 동풍이 밤새도록 바닷물을 물러가게 하시니 물이 갈라져 바다가 마른땅이 된지라

하나님께서 이스라엘을 애굽에서 이끌어 바다가 쪽으로 인도하십니다. 뒤에는 애굽 군대가 쫓아오는데 도망갈 길이 없습니다.

사람의 눈에는 길도 없고 살아날 방법도 없지만 하나님에게는 답이 있습니다.

하나님은 홍해를 길로 만들어 이스라엘을 건너게 하셨습니다. 할렐루야!!

하나님을 믿으십시오. 하나님께서 당신의 길이요 진리요 생명이십니다. 당신이 해결할 수 없는 문제 때문에 염려하거나 불평하지 말고 하나님께 감사로 의탁하십시오.

하나님의 놀라운 손길을 경험하게 될 것입니다.
하나님이 당신의 해답이십니다.

오직 예수!!

11월 8일

(요한복음 8장)
31 그러므로 예수께서 자기를 믿은 유대인들에게 이르시되 너희가 내 말에 거하면 참으로 내 제자가 되고 32 진리를 알지니 진리가 너희를 자유롭게 하리라

주님의 제자가 되고 진리를 알아 자유를 누리는 길은 바로 우리가 주님의 말씀에 거하는 것입니다. 말씀에 거한다는 것은 말씀과 함께 산다는 것입니다. 말씀 묵상을 통해 말씀이 나의 생각과 말과 행동을 다스리는 상태가 말씀에 거하는 것입니다.

이런 사람들은 말씀의 강력한 능력을 경험하게 됩니다. 당신이 혹시 자유를 누리지 못하는 영역이 있다면 그 부분에 해당되는 하나님의 말씀을 날마다 먹고 묵상하십시오. 진리가 당신을 자유롭게 하는 것을 경험하게 될 것입니다.

말씀은 살아서 역사합니다. 말씀은 실패하지 않습니다.

주야로 주의 말씀을 묵상하는 당신이 바로 복 있는 자요 자유를 누리는 자입니다.

오직 예수!!

11월 9일

(디모데후서 1장)
7 하나님께서는 우리에게 비겁한 영을 주신 것이 아니라, 능력과 사랑과 절제의 영을 주셨습니다.

하나님께서 우리에게 능력과 사랑과 절제하는 영을 주셨습니다.
이 세 가지를 모두 가지고 계시고 우리에게 주시는 분이 바로 성령님이십니다. 이 성령님께서 우리 안에 살아 계십니다.

당신이 성령님과 친밀하게 살아간다면 이것들이 당신을 통해 나타날 것입니다. 그로 인해 당신은 탁월한 인생을 살게 될 것입니다.

엡5:18 술 취하지 말라 이는 방탕한 것이니 오직 성령으로 충만함을 받으라

성령님으로 충만해지십시오.
성령님께 당신을 내어 드리면 드릴수록 당신은 그분으로 충만해질 것입니다. 당신은 어떤 것도 어느 누구도 두려워하지 않게 될 것입니다. 당신은 세상이 감당치 못할 하나님의 사람으로 살게 될 것입니다.

오직 예수!!

11월 10일

(디모데전서 4장)
5 하나님의 말씀과 기도로 거룩하여짐이라

은혜가 떨어지면 삼손처럼 힘을 잃을 수밖에 없음을 기억하십시오. 운동할 때 기본기가 중요하듯이 신앙생활도 기본이 중요합니다. 기도하기와 성경 읽기가 바로 신앙의 기본입니다. 기본에 충실하십시오.

당신 안에 은혜가 계속해서 흘러넘치게 될 것입니다.

그 은혜가 당신의 삶과 사역에서 거룩이 나타나도록 역사할 것입니다.

행6:4 우리는 오로지 기도하는 일과 말씀 사역에 힘쓰리라 하니

기도하기와 성경 읽기는 방학이 없습니다.

기본에 힘쓰시는 당신은 승리자입니다.

오직 예수!!

11월 11일

(빌립보서 2장)
10 하늘에 있는 자들과 땅에 있는 자들과 땅 아래에 있는 자들로 모든 무릎을 예수의 이름에 꿇게 하시고

이 땅에 존재하는 모든 피조물은 예수 이름 앞에 복종해야 합니다. 어떤 질병도 어떤 문제도 예수 이름으로 명령하면 들어야 합니다.

당신이 정말 믿는 자라면 이제 이 권세를 사용하십시오.
역사는 당신의 믿음에 달려 있습니다.

막11:23 내가 진실로 너희에게 이르노니 누구든지 이 산더러 들리어 바다에 던져지라 하며 그 말하는 것이 이루어질 줄 믿고 마음에 의심하지 아니하면 그대로 되리라

예수 이름으로 말하고 그것이 이루어진 것을 믿으면 그대로 됩니다. 풍성함을 원한다면 말씀과 기도로 당신의 믿음을 강화시키십시오.

당신은 예수 이름의 권세를 누리게 될 것입니다.
당신은 예수 이름의 권세를 가진 자입니다.

오직 예수!!

340

11월 12일

(이사야 53장)

10 여호와께서 그에게 상함을 받게 하시기를 원하사 질고를 당하게 하셨은즉 그의 영혼을 속건제물로 드리기에 이르면 그가 씨를 보게 되며 그의 날은 길 것이요 또 그의 손으로 여호와께서 기뻐하시는 뜻을 성취하리로다

하나님은 우리를 위하여 당신의 독생자를 이 땅에 보내서 상함과 질고를 당하게 하셨습니다. 그리고 예수님은 기쁨으로 자신을 제물로 드림으로 아버지의 사랑과 공의를 동시에 이루셨습니다. 이 모든 것은 우리를 너무나 사랑하시는 하나님의 사랑 때문입니다.

막1:15 이르시되 때가 찼고 하나님의 나라가 가까이 왔으니 회개하고 복음을 믿으라 하시더라

하나님이 예수님 안에서 당신을 위해 하신 일이 복음입니다. 이제 누구든지 복음을 믿으면 죄와 질병과 저주와 가난에서 해방되고 하나님의 사랑받는 자녀가 됩니다. 복음은 하나님의 능력입니다. 복음 안에서 살아가는 당신은 축복의 사람입니다.

오직 예수!!

11월 13일

(전도서 7장)

14 형통한 날에는 기뻐하고 곤고한 날에는 되돌아보아라 이 두 가지를 하나님이 병행하게 하사 사람이 그의 장래 일을 능히 헤아려 알지 못하게 하셨느니라

한 치 앞을 모르는 것이 우리 인생입니다. 그래서 우리는 내일 일을 자랑해서는 안 됩니다. 반대로 내일 일을 걱정해서도 안 됩니다. 우리의 미래가 하나님의 손에 있기 때문입니다.

시31:15 내 앞날은 주의 손에 달렸으니, 내 원수에게서, 나를 박해하는 자들의 손에서, 나를 건져 주십시오.

지금 삶이 형통하십니까? 주님과 함께 기뻐하십시오.
지금 삶이 곤고하십니까? 자신의 삶을 돌아보며 주님께 기도하십시오.

기뻐하는 자에게는 더 큰 기쁨을 주실 것입니다. 곤고한 자에게는 새 힘을 주실 것입니다.

당신은 하나님의 손에 있는 하나님의 자녀입니다.

오직 예수!!

11월 14일

(신명기 30장)
19 내가 오늘 하늘과 땅을 불러 너희에게 증거를 삼노라 내가 생명과 사망과 복과 저주를 네 앞에 두었은즉 너와 네 자손이 살기 위하여 생명을 택하고

우리의 선택에 따라 생명과 복을 얻을 수도, 사망과 저주를 얻을 수도 있음을 성경은 말하고 있습니다. 그러므로 매 순간 선택을 잘하셔야 합니다. 당신의 선택이 당신의 미래를 결정하기 때문입니다. 하나님은 당신이 하나님을 택하고 영의 생각을 택하여 생명과 평안과 복을 얻고 누리기 원하십니다.

롬8:5 육신을 따르는 자는 육신의 일을, 영을 따르는 자는 영의 일을 생각하나니 6 육신의 생각은 사망이요 영의 생각은 생명과 평안이니라

육신의 생각과 영의 생각 중에서 당신이 무엇을 택할지는 자유이지만 그 결과는 천지 차이입니다. 당신이 매일의 삶에서 주 예수님께 집중하며 그분을 사랑한다면 바른 선택을 하게 될 것입니다.

당신은 영적 존재입니다.

오직 예수!!

11월 15일

(고린도전서 10장)
10 그들 가운데 어떤 사람들이 원망하다가 멸망시키는 자에게 멸망하였나니 너희는 그들과 같이 원망하지 말라

원망은 죄입니다. 원망이 죄인 것은 그것이 하나님을 믿지 못하는 행위이기 때문입니다.

롬14:23 의심하고 먹는 자는 정죄되었나니 이는 믿음을 따라 하지 아니하였기 때문이라 믿음을 따라 하지 아니하는 것은 다 죄니라

원망을 이기는 길은 모든 일에 하나님을 믿고 감사하는 것입니다. 여기서 당신이 꼭 알아야 할 것이 있습니다. 그것은 당신의 본성이 바뀌었다는 사실입니다. 옛날에는 원망이 쉬웠지만 이제는 감사가 쉬운 사람이 된 것입니다. 그뿐만 아니라 당신은 하나님의 믿음을 가진 자입니다.

그러므로 당신이 모든 상황 속에서 주 예수님을 바라보는 일에 집중한다면 당신의 입에서 원망 대신 감사가 터져 나올 것입니다. 감사는 믿음이요 선택입니다.

오직 예수!!

11월 16일

(빌립보서 3장)
8 또한 모든 것을 해로 여김은 내 주 그리스도 예수를 아는 지식이 가장 고상하기 때문이라 내가 그를 위하여 모든 것을 잃어버리고 배설물로 여김은 그리스도를 얻고

"예수 그리스도가 나의 전부이십니다."

이것이 진정한 당신의 고백이 되어야 합니다. 그러려면 세상의 모든 것들이 당신의 눈에 배설물로 보여야 합니다. 예수님 외에 모든 것이 배설물로 여겨질 때 당신은 그리스도를 얻게 될 것입니다.

벧후3:18 오직 우리 주 곧 구주 예수 그리스도의 은혜와 그를 아는 지식에서 자라 가라 영광이 이제와 영원한 날까지 그에게 있을지어다

예수 그리스도께 당신의 마음의 시선을 고정하고 그분을 아는 지식에서 자라 가십시오. 주 예수보다 더 귀한 것은 없다는 사실을 깨달아 알게 될 것입니다. 예수님이 당신의 전부라고 고백하게 될 것입니다. 예수님이 전부이십니다.

오직 예수!!

11월 17일

(여호수아 24장)
24 백성이 여호수아에게 말하되 우리 하나님 여호와를 우리가 섬기고 그의 목소리를 우리가 청종하리이다 하는지라

하나님만을 섬기겠다고 다짐한 이스라엘 백성들이 하나님의 은혜를 잊어버리고 우상을 섬기는 죄에 빠집니다. 이것은 그들이 하나님을 인격적으로 아는 일에 실패했기 때문입니다.

호4:6 내 백성이 지식이 없으므로 망하는도다 네가 지식을 버렸으니 나도 너를 버려 내 제사장이 되지 못하게 할 것이요 네가 네 하나님의 율법을 잊었으니 나도 네 자녀들을 잊어버리리라

인간의 의지만으로 믿음을 지키는 것이 쉽지 않습니다. 우리에게는 하나님의 은혜가 필요합니다. 그러므로 하나님과의 사귐을 통해 그분을 알고 그분의 은혜를 날마다 공급받으십시오.

무엇보다 당신이 하나님의 은혜로 사는 자임을 잊지 마십시오.

당신은 하나님의 은혜 아래 있습니다.

오직 예수!!

11월 18일

(역대하 16장)

9 여호와의 눈은 온 땅을 두루 감찰하사 전심으로 자기에게 향하는 자들을 위하여 능력을 베푸시나니 이 일은 왕이 망령되이 행하였은즉 이후부터는 왕에게 전쟁이 있으리이다 하매

아사왕의 초기는 하나님을 철저히 의지하여 하나님의 능력을 경험하는 축복의 삶을 살았습니다. 그런데 그의 말기는 좋지 않았습니다. 하나님을 향한 마음이 변질되었기 때문입니다.

고후11:3 뱀이 그 간계로 하와를 미혹한 것같이 너희 마음이 그리스도를 향하는 진실함과 깨끗함에서 떠나 부패할까 두려워하노라

우리가 풍성한 하나님의 은혜와 능력을 누리지 못하고 있다면 자신의 마음을 살펴보아야 합니다.

하나님을 향한 당신의 마음이 변질되지 않도록 늘 깨어 하나님을 바라보십시오.

하나님의 눈에 발견되는 사랑과 능력의 주인공이 될 것입니다.

오직 예수!!

11월 19일

(신명기 33장)
29 이스라엘이여 너는 행복한 사람이로다 여호와의 구원을 너같이 얻은 백성이 누구냐 그는 너를 돕는 방패시요 네 영광의 칼이시로다 네 대적이 네게 복종하리니 네가 그들의 높은 곳을 밟으리로다

당신은 행복한 사람입니다. 왜냐하면 하나님의 구원을 받았기 때문입니다. 우리는 구원을 선물로 받았지만 하나님은 우리를 구원하시기 위해 독생자를 희생시키는 엄청난 대가를 지불하셨습니다. 우리가 무엇이길래 이렇게까지 하신 것입니까? 네, 하나님의 무한한 사랑 때문입니다.

요3:16 하나님이 세상을 이처럼 사랑하사 독생자를 주셨으니 이는 그를 믿는 자마다 멸망하지 않고 영생을 얻게 하려 하심이라

이 사실을 당신이 깨닫는다면 당신은 이 한 가지만으로도 평생 감사하며 살게 될 것입니다. 당신이 하나님의 마음을 알면 알수록 당신의 행복감은 더 올라갈 것입니다. 당신이 행복한 사람임을 믿으십시오. 당신은 하나님께 사랑받고 있습니다.

오직 예수!!

11월 20일

(시편 107편)
1 여호와께 감사하라 그는 선하시며 그 인자하심이 영원함이로다

감사는 믿음의 선택입니다.
하나님의 선하심과 인자하심을 믿는다면 어떤 상황에도 감사를 선택하게 될 것입니다. 왜냐하면 하나님이 모든 것을 합력하여 선을 이루어 주실 것을 알기 때문입니다.

롬8:28 우리가 알거니와 하나님을 사랑하는 자 곧 그의 뜻대로 부르심을 입은 자들에게는 모든 것이 합력하여 선을 이루느니라

하나님을 인격적으로 알고 사랑하는 자가 되십시오.
당신이 하나님과 친밀해질수록 감사의 선택이 쉬워질 것입니다.

당신의 감사가 당신의 믿음의 척도입니다.
모든 범사에 당신이 감사를 선택한다면 이 땅에서 하나님의 뜻을 이루는 축복된 삶을 살게 될 것입니다.

당신은 감사의 사람입니다.

오직 예수!!

11월 21일

(에베소서 1장)
3 찬송하리로다 하나님 곧 우리 주 예수 그리스도의 아버지께서 그리스도 안에서 하늘에 속한 모든 신령한 복을 우리에게 주시되

당신 안에는 하나님의 신령한 복이 이미 주어져 있습니다.
문제는 많은 사람들이 이 복을 누리지 못하고 있다는 것입니다.

어떻게 하면 이 복을 누릴 수 있을까요? 그것은 당신의 믿음과 감사입니다. 하나님의 말씀을 온전히 믿으십시오. 그리고 하나님이 당신에게 주신 것에 넘치는 감사를 하십시오.

골2:7 그 안에 뿌리를 박으며 세움을 받아 교훈을 받은 대로 믿음에 굳게 서서 감사함을 넘치게 하라

당신의 감사와 믿음이 하나님의 복을 당신 안에서 풀어지게 할 것입니다. 당신은 이 땅에서 하나님이 주신 축복의 삶을 살게 될 것입니다.

당신은 축복의 사람입니다.

오직 예수!!

11월 22일

(히브리서 11장)
6 믿음이 없이는 하나님을 기쁘시게 하지 못하나니 하나님께 나아가는 자는 반드시 그가 계신 것과 또한 그가 자기를 찾는 자들에게 상 주시는 이심을 믿어야 할지니라

당신이 이 땅에서 감사의 삶 축복의 삶을 살고 싶다면 무엇보다도 당신의 믿음을 성장시키는 데 진력하십시오.

믿는다는 것은 보이는 현실에 반응하지 않고 하나님이 하신 말씀에 반응하는 것입니다. 그래서 믿음의 사람 바울은 죽음의 현실에 반응하지 않고 하나님이 하신 말씀에 반응했습니다.

행27:25 그러므로 여러분이여 안심하라 나는 내게 말씀하신 그대로 되리라고 하나님을 믿노라

당신 안에 살아 계신 하나님께서 당신을 사랑으로 이끌고 계십니다. 모든 것을 믿음으로 반응하고 행하십시오. 당신은 하나님을 기쁘시게 하는 자가 될 것입니다.

당신은 믿음의 사람입니다.

오직 예수!!

11월 23일

(시편 16편)
2 내가 여호와께 아뢰되 주는 나의 주님이시오니 주 밖에는 나의 복이 없다 하였나이다

하나님이 우리의 복이십니다. 이것을 깨달은 사람에게는 물질의 유무가 크게 문제가 되지 않습니다.

빌4:12 나는 비천에 처할 줄도 알고 풍부에 처할 줄도 알아 모든 일 곧 배부름과 배고픔과 풍부와 궁핍에도 처할 줄 아는 일체의 비결을 배웠노라

그래서 바울은 물질이 있든 없든 크게 상관하지 않고 삶에 감사한 것입니다. 그는 하나님이 자신의 모든 필요를 채우실 것을 믿은 것입니다.

물질은 있다가도 없다가도 합니다. 그러나 그것을 공급해 주시는 하나님은 언제나 우리와 함께하십니다.

당신이 할 일은 당신의 필요를 채우시는 하나님을 더 깊이 알고 사랑하는 것입니다. 하나님 한 분이면 충분합니다.

오직 예수!!

11월 24일

(호세아 6장)
6 나는 인애를 원하고 제사를 원하지 아니하며 번제보다 하나님을 아는 것을 원하노라

우리가 하나님을 영화롭게 하고 나아가 승리하는 인생을 살려면 하나님의 마음을 알고 그 길로 걸어가야 합니다. 이스라엘이 왜 망했습니까? 하나님의 마음을 제대로 알지 못했기 때문입니다.

호4:6 내 백성이 지식이 없으므로 망하는도다 네가 지식을 버렸으니 나도 너를 버려 내 제사장이 되지 못하게 할 것이요 네가 네 하나님의 율법을 잊었으니 나도 네 자녀들을 잊어버리리라

우리도 마찬가지입니다. 하나님의 마음을 모르면 인생을 허비하게 됩니다. 하나님의 마음을 알기 원하십니까? 하나님 앞에 머물며 그분의 말씀을 깊이 묵상하십시오.

당신이 이러한 시간을 많이 가지면 가질수록 하나님의 마음을 알게 되고 하나님을 알면 알수록 하나님을 기쁘시게 하는 자가 될 것입니다. 당신은 그리스도 안에서 형통한 인생을 살게 될 것입니다.

오직 예수!!

11월 25일

(로마서 1장)
16 내가 복음을 부끄러워하지 아니하노니 이 복음은 모든 믿는 자에게 구원을 주시는 하나님의 능력이 됨이라 먼저는 유대인에게요 그리고 헬라인에게로다

복음은 복된 소식입니다. 이 소식의 내용이 무엇입니까? 예수님이 이 땅에 오셔서 우리의 죄와 질병을 저주와 가난을 해결하신 것입니다. 예수님이 십자가에서 다 이루셨습니다. 이제 누구든지 예수님을 믿으면 죄와 질병에서 자유, 저주와 가난에서 자유를 누리게 됩니다. 당신이 잘 누리지 못하는 부분이 무엇입니까? 주님께서 이루신 것들을 믿음으로 취하시고 선포하십시오. 하나님의 뜻은 우리가 풍성하게 누리는 것입니다.

요10:10 도둑이 오는 것은 도둑질하고 죽이고 멸망시키려는 것뿐이요 내가 온 것은 양으로 생명을 얻게 하고 더 풍성히 얻게 하려는 것이라

당신은 그리스도 안에서 정죄함이 없는 자입니다.
당신은 그리스도 안에서 온전한 건강을 누리는 자입니다.
당신은 그리스도 안에서 참된 자유를 누리는 자입니다.
당신은 그리스도 안에서 부족함이 없는 자입니다.

오직 예수!!

11월 26일

(로마서 5장)
1 그러므로 우리가 믿음으로 의롭다 하심을 받았으니 우리 주 예수 그리스도로 말미암아 하나님과 화평을 누리자

우리는 원래 하나님과 원수였고 그분의 진노의 대상이었습니다. 그런데 예수님께서 십자가에서 죽으심으로 하나님과 우리 사이에 막힌 담이 무너졌습니다.

엡2:14 그는 우리의 화평이신지라 둘로 하나를 만드사 원수 된 것 곧 중간에 막힌 담을 자기 육체로 허시고

이제 누구든지 예수님을 믿으면 하나님 앞에 담대하게 나아갈 수 있는 길이 열린 것입니다. 당신은 예수 그리스도 안에서 하나님과 화평한 삶을 누리고 계십니까?

"나 무엇과도 주님을 바꾸지 않겠습니다.
다른 어떤 은혜보다 하나님의 얼굴을 구하겠습니다."
이 고백이 당신의 고백과 삶이 되게 하십시오. 당신은 세상이 알지 못하는 하나님의 임재의 영광을 누리며 살게 될 것입니다. 당신은 그리스도 안에서 의로운 자입니다.

오직 예수!!

11월 27일

(마태복음 1장)
21 아들을 낳으리니 이름을 예수라 하라 이는 그가 자기 백성을 그들의 죄에서 구원할 자이심이라 하니라

누가 죄에 빠져 허우적거리는 사람들을 구원해 줄 수 있습니까?
누가 생활고로 힘들어하는 사람들을 구원해 줄 수 있습니까?
누가 질병에 빠져 고통받는 자들을 구원해 줄 수 있습니까?

사람들은 방법을 찾지만 안타깝게도 방법은 없습니다.
그러나 실망하거나 낙심하지 마십시오. 세상에서 일어나는 모든 문제들의 해결자가 우리에게 오셨습니다. 바로 하나님의 아들 예수 그리스도입니다. 당신이 예수님을 믿고 거듭났다면 당신은 이제 구원자를 모시고 사는 것입니다.

로마서10:10 사람이 마음으로 믿어 의에 이르고 입으로 시인하여 구원에 이르느니라

아무것도 염려할 필요가 없습니다. 문제가 발생할 때마다 당신의 구원자를 부르십시오. 주님의 따스한 구원의 손길을 경험하게 될 것입니다.

오직 예수!!

11월 28일

(로마서 8장)
1 그러므로 이제 그리스도 예수 안에 있는 자에게는 결코 정죄함이 없
나니

그리스도 예수 안에 있는 당신은 정죄함이 없습니다. 죄를 짓는 것보다
더 안 좋은 것이 죄책감과 정죄감에 빠져 있는 것입니다. 죄를 지었습니
까? 주님께 나아가 자백하고 사죄의 은혜를 믿고 다시 일어나 믿음의 길
을 걸어가십시오.

요일1:9 만일 우리가 우리 죄를 자백하면 그는 미쁘시고 의로우사 우
리 죄를 사하시며 우리를 모든 불의에서 깨끗하게 하실 것이요

당신이 하나님의 은혜 아래 있음을 잊지 마십시오.

롬6:14 죄가 너희를 주장하지 못하리니 이는 너희가 법 아래에 있지 아
니하고 은혜 아래에 있음이라

이제는 죄가 당신을 주장하지 못합니다. 왜냐하면 당신은 죄에 대하여
죽었기 때문입니다. 당신은 죄를 다스리는 자입니다.

오직 예수!!

11월 29일

(시편 46편)
1 하나님은 우리의 피난처시요 힘이시니 환난 중에 만날 큰 도움이시라 2 그러므로 땅이 변하든지 산이 흔들려 바다 가운데에 빠지든지 3 바닷물이 솟아나고 뛰놀든지 그것이 넘침으로 산이 흔들릴지라도 우리는 두려워하지 아니하리로다 (셀라)

"어떤 상황에서도 나는 주님을 신뢰합니다."

이것이 당신의 고백이 되게 하십시오. 세상은 자연재해, 전염병, 전쟁 등으로 어려운 가운데 있습니다. 그러나 당신은 이 모든 상황에도 담대할 수 있습니다. 왜냐하면 당신은 하나님은 은총을 받은 자이기 때문입니다. 당신이 사는 데 필요한 모든 것을 가지신 주님이 당신 안에 살아 계십니다. 그러므로 어떤 일을 만나든 주님만 바라보십시오.

히12:2 믿음의 주요 또 온전하게 하시는 이인 예수를 바라보자 그는 그 앞에 있는 기쁨을 위하여 십자가를 참으사 부끄러움을 개의치 아니하시더니 하나님 보좌 우편에 앉으셨느니라

그 무엇도 그 누구도 당신을 두렵게 할 수 없을 것입니다.
당신은 하나님의 복을 받은 자입니다.

오직 예수!!

11월 30일

(데살로니가전서 5장)
10 예수께서 우리를 위하여 죽으사 우리로 하여금 깨어 있든지 자든지 자기와 함께 살게 하려 하셨느니라

예수님을 믿는다는 것은 24시간 예수님과 함께 사는 것입니다.
예수님과 함께 사는 것이 얼마나 복된 일인지 아십니까?

이것을 모르기에 사람들이 예수님을 믿으면서도 여전히 자기 마음대로 삽니다. 이것이 우리의 불행과 실패의 이유입니다.

벧후3:18 오직 우리 주 곧 구주 예수 그리스도의 은혜와 그를 아는 지식에서 자라 가라 영광이 이제와 영원한 날까지 그에게 있을지어다

예수 그리스도의 은혜와 그를 아는 지식에서 자라 가기를 힘쓰십시오.

예수님만이 당신의 전부임을 알게 될 것입니다.

예수님 한 분이면 충분합니다.

오직 예수!!

12월

(히브리서 10장)

10 이 뜻을 따라 예수 그리스도의 몸을
단번에 드리심으로 말미암아
우리가 거룩함을 얻었노라

12월 1일

(잠언17장)
22 마음의 즐거움은 양약이라도 심령의 근심은 뼈를 마르게 하느니라

마음의 즐거움은 우리의 몸을 건강하게 하는 약이지만 근심은 우리의 몸을 병들게 하는 독과 같습니다.

그러므로 즐거움은 받아들이고 근심은 멀리해야 합니다.

물론 세상이 악하기에 근심된 일들이 많지만 우리가 예수님의 사랑에 집중한다면 근심은 사라지고 마음의 즐거움은 솟아오를 것입니다.

혹시 근심된 상황이 다가오더라도 낙심하지 말고 당신을 사랑하시는 예수님을 믿고 즐거워하기를 선택하십시오.

당신은 그리스도 안에서 영육이 강건한 기쁨의 삶을 살게 될 것입니다.

당신은 기쁨의 사람입니다.

오직 예수!!

12월 2일

(시편 18편)
1 나의 힘이신 여호와여 내가 주를 사랑하나이다

오늘 본문은 다윗이 왜 하나님의 마음에 드는 사람인지를 보여 줍니다. 다윗은 모든 순간에 하나님을 의지하였고 평생에 하나님을 사랑하는 사람이었습니다.

다윗은 수많은 전쟁을 치렀는데 가는 곳마다 하나님을 의지함으로 승리하였습니다.

그리고 무엇보다 하나님을 사랑하여 하나님과 함께 살았습니다. 당신도 범사에 하나님을 의지하고 사랑하십시오.

당신은 하나님의 마음에 합한 복된 인생을 살게 될 것입니다.

하나님이 당신의 힘이십니다.

오직 예수!!

12월 3일

(스바냐 3장)

17 너의 하나님 여호와가 너의 가운데에 계시니 그는 구원을 베푸실 전능자이시라 그가 너로 말미암아 기쁨을 이기지 못하시며 너를 잠잠히 사랑하시며 너로 말미암아 즐거이 부르며 기뻐하시리라 하리라

오늘 본문은 이스라엘을 향한 하나님의 본마음이 무엇인지를 우리에게 보여 줍니다. 선지자를 통하여 무섭게 심판을 외치지만 결국은 긍휼과 사랑으로 대할 것을 말씀하십니다. 우리가 어떤 상황에도 두려워하거나 낙심하지 않을 수 있는 이유가 여기에 있습니다.

하나님의 선하심과 인자하심이 영원하기 때문입니다.
하나님의 본마음은 우리가 고생하거나 재앙을 당하는 것이 아닙니다. 우리에게 미래와 희망을 주는 것입니다. 지금 힘들다고 낙심하거나 불안해하지 마십시오.

당신의 시선을 주님께 고정하며 그분의 사랑에 집중하십시오.

당신은 언제나 하나님의 기쁨입니다.

오직 예수!!

12월 4일

(요한복음 15장)
9 아버지께서 나를 사랑하신 것같이 나도 너희를 사랑하였으니 나의 사랑 안에 거하라

예수님이 당신을 사랑하십시오. 이 사랑 안에 거하십시오. 주님은 우리의 어떠함에 상관없이 사랑하시되 끝까지 사랑하십니다.

요13:1 유월절 전에 예수께서 자기가 세상을 떠나 아버지께로 돌아가실 때가 이른 줄 아시고 세상에 있는 자기 사람들을 사랑하시되 끝까지 사랑하시니라

우리가 잘하든 잘못하든 언제나 변함없이 우리를 사랑해 주시는 예수님이 당신 안에 거하십니다.

이제 당신도 예수님 안에 머물러 그분의 사랑을 충분히 받고 누리십시오. 당신이 주님의 사랑 안에 깊이 뿌리를 박고서 있는다면 세상의 그 무엇도 당신을 두렵게 하지 못할 것입니다.

당신은 주님의 사랑 안에 있습니다.

오직 예수!!

12월 5일

(신명기 33장)

29 이스라엘이여 너는 행복한 사람이로다 여호와의 구원을 너같이 얻은 백성이 누구냐 그는 너를 돕는 방패시요 네 영광의 칼이시로다 네 대적이 네게 복종하리니 네가 그들의 높은 곳을 밟으리로다

한 해가 저물어 가고 있습니다. 요즘 당신은 행복하십니까? 오늘 성경은 우리에게 우리는 행복한 사람이라고 선언하고 있습니다. 당신도 말씀대로 나는 행복한 사람이라고 날마다 고백하십시오. 당신의 말한 대로 당신 안에서 행복감이 넘쳐날 것입니다.

한 해를 돌아보십시오. 하나님의 구원의 역사가 기억나지 않습니까? 하나님이 당신을 도와주신 것이 생각나지 않습니까?

무엇보다 하나님이 당신을 보시듯 당신도 자신을 바라보십시오. 하나님은 당신을 행복한 사람이라고 보시고 부르십니다.

당신이 전능하신 하나님의 사랑과 보호 아래 있음을 잊지 마십시오. 당신은 행복한 사람입니다.

오직 예수!!

12월 6일

(시편 100편)
4 감사함으로 그의 문에 들어가며 찬송함으로 그의 궁정에 들어가서 그에게 감사하며 그의 이름을 송축할지어다 5 여호와는 선하시니 그의 인자하심이 영원하고 그의 성실하심이 대대에 이르리로다

요즘 당신의 마음의 상태는 어떻습니까? 감사와 기쁨이 가득합니까? 아니면 원망과 불평이 지배하고 있습니까? 우리의 감정은 우리의 선택에 의해서 달라질 수 있음을 기억하십시오. 지금 당신의 처지가 너무 좋지 않아서 원망과 불평을 쏟아 놓지 않을 수 없다고 생각되더라도 의지적으로 감사함으로 그의 문에 들어가고 찬송함으로 그의 궁정에 들어가십시오.

5분마다 원망하는 대신, 10분 동안 하나님의 선하심과 인자하심에 대하여 하나님께 감사하십시오.

그렇게 하면 당신의 원망과 불평은 아주 작게 줄어들어 있을 것입니다. 그때 당신은 그 문제를 다시 바라보며 이렇게 말할 것입니다. "별거 아니었네."

당신이 감당치 못할 시험은 없습니다.

오직 예수!!

12월 7일

(요한복음 8장)
32 진리를 알지니 진리가 너희를 자유롭게 하리라

진리가 무엇입니까? 진리는 변하지 않는 것입니다. 이 세상에서 변하지 않는 것은 하나님과 그분의 말씀밖에 없습니다.

하나님의 말씀대로 믿으십시오. 당신은 그리스도 예수 안에 있습니다. 당신은 그리스도 안에서 말씀대로 믿고 그 믿음으로 행하는 자입니다.

그리스도 밖으로 나가지 마십시오.

그리스도 밖으로 나간다는 것은 당신이 말씀 밖으로 나가는 것입니다.

우리가 참된 자유를 누리지 못하는 이유가 여기에 있습니다. 당신이 그리스도 안에서 말씀대로 믿고 그 믿음으로 행할 때 말씀의 실제를 경험하게 될 것입니다.

당신은 예수님 안에서 자유로운 자입니다.

오직 예수!!

12월 8일

(고린도후서 4장)
10 우리가 항상 예수의 죽음을 몸에 짊어짐은 예수의 생명이 또한 우리 몸에 나타나게 하려 함이라

당신은 그리스도 예수 안에 있습니다. 당신이 그리스도 예수 안에 있다면 당신은 예수님과 하나입니다. 이제 예수님 안에서 예수님의 생명을 나타내는 자가 된 것입니다.

예수님 밖에서 예수님을 닮아 가려고 애쓰지 마시고 예수님 안에서 예수님을 나타내는 자가 되십시오.

당신이 자신의 옛 본성이 죽었음을 인정하고 새 본성 즉 하나님의 생명으로 살아간다면 당신을 통해 예수님이 나타나게 될 것입니다. 당신이 그리스도 예수 안에 있는 새로운 피조물이라는 사실을 항상 기억하십시오.

고후5:17 그런즉 누구든지 그리스도 안에 있으면 새로운 피조물이라 이전 것은 지나갔으니 보라 새것이 되었도다

당신은 없습니다. 주님이십니다.

오직 예수!!

12월 9일

(고린도전서 6장)
17 주와 합하는 자는 한 영이니라

당신이 예수 그리스도 안에 있다면 예수님과 당신은 하나입니다. 이 말은 예수님께서 계신 곳에 당신도 함께 있다는 것입니다.

엡2:6 또 함께 일으키사 그리스도 예수 안에서 함께 하늘에 앉히시니

예수님과 함께 당신은 하늘 보좌에 앉아 있습니다. 이제 하늘 보좌에서 땅을 보는 자로 살아가십시오. 예수님 안에서 예수님의 눈으로 문제와 상황을 바라보라는 것입니다. 예수님 안에 있는 당신을 그 무엇도 그 누구도 두렵게 하고 낙심케 하지 못합니다.

요16:33 이것을 너희에게 이르는 것은 너희로 내 안에서 평안을 누리게 하려 함이라 세상에서는 너희가 환난을 당하나 담대하라 내가 세상을 이기었노라

강하고 담대하십시오. 당신은 세상을 이기신 예수님 안에 있습니다.

오직 예수!!

12월 10일

(로마서 6장)
5 만일 우리가 그의 죽으심과 같은 모양으로 연합한 자가 되었으면 또한 그의 부활과 같은 모양으로 연합한 자도 되리라

예수님을 믿는다는 것은 우리가 예수님 안으로 들어가는 것입니다. 이제 예수님과 우리가 연합되었기에 그분의 경험이 우리의 경험이 된 것입니다.

예수님이 죽으실 때 우리도 죽고 예수님께서 부활하실 때 우리도 함께 부활하였습니다.

이제 그 무엇도 그 누구도 우리를 예수님과의 하나 됨에서 끊을 수 없습니다.

예수님과의 생명적인 관계를 통해 그분의 생명으로 충만해지십시오.

사람들이 당신을 통해 예수님을 보게 될 것입니다.

당신은 예수님과 하나입니다.

오직 예수!!

12월 11일

(시편 34편)
3 나와 함께 여호와를 광대하시다 하며 함께 그의 이름을 높이세

당신은 무엇에다 가치를 둡니까? 당신에게는 무엇이 더 큽니까? 돈이 당신에게는 하나님보다 더 가치가 있습니까? 암이 당신에게는 하나님보다 더 큽니까?

이런 질문들 앞에 '아니오'라고 쉽게 답하지 못한다면 하나님의 광대하심을 우리가 믿지 못하기 때문일 것입니다. 우리 삶에 발생하는 돈에 대한 욕심과 걱정 그리고 건강에 대한 염려와 두려움이 우리의 믿음의 상태를 나타내 줍니다. 당신의 믿음을 강화시키십시오. 이것을 위해 하나님의 말씀을 깊이 묵상하십시오. 주님이 당신의 환경보다 훨씬 더 크게 느껴질 때까지 말씀을 묵상하고 또 묵상하십시오.

하나님의 광대하심이 믿어진다면 이제 당신의 문제는 아무것도 아닙니다.

"하나님보다 더 가치 있는 것은 없습니다."

오직 예수!!

12월 12일

(시편 25편)
14 여호와의 친밀하심이 그를 경외하는 자들에게 있음이여 그의 언약을 그들에게 보이시리로다

신앙생활의 핵심은 하나님과의 친밀함을 이루어 하나님을 존중하는 삶을 사는 것입니다. 하나님은 이런 사람들에게 자신의 약속을 이루시고 이들을 통하여 영광을 받으십니다.

빌3:8 또한 모든 것을 해로 여김은 내 주 그리스도 예수를 아는 지식이 가장 고상하기 때문이라 내가 그를 위하여 모든 것을 잃어버리고 배설물로 여김은 그리스도를 얻고

당신은 주님께 최고의 가치를 드리고 계십니까?
주님이 가장 귀하기에 주님과 상관없는 것들이 배설물로 여겨지십니까?

주님이 당신의 전부가 될 때까지 주님을 항상 바라보십시오.
주님의 은혜가 당신을 그렇게 만들어 주실 것입니다.

세상에서 승리하는 삶을 살게 될 것입니다.

오직 예수!!

12월 13일

(에베소서 1장)

19 그의 힘의 위력으로 역사하심을 따라 믿는 우리에게 베푸신 능력의 지극히 크심이 어떠한 것을 너희로 알게 하시기를 구하노라

능력을 달라고 기도하지 말고 당신 안에 부어진 하나님의 능력이 얼마나 큰지 알기를 기도하십시오. 당신 안에는 놀라운 능력이 있습니다. 그 능력은 바로 죽은 자를 살리는 하나님의 능력입니다.

엡1:20 그의 능력이 그리스도 안에서 역사하사 죽은 자들 가운데서 다시 살리시고 하늘에서 자기의 오른편에 앉히사

당신 안에 있는 이 능력을 발견하고 예수 이름으로 사용하십시오. 당신이 예수님과 친밀할수록 이 능력이 강력하게 당신을 통해 나타날 것입니다.

당신은 죄와 세상과 마귀를 넉넉히 이기게 될 것입니다.

당신은 하나님의 능력을 가진 자입니다.

오직 예수!!

12월 14일

(열왕기하 6장)
15 하나님의 사람의 사환이 일찍이 일어나서 나가 보니 군사와 말과 병거가 성읍을 에워쌌는지라 그의 사환이 엘리사에게 말하되 아아, 내 주여 우리가 어찌하리이까 하니

아람 군대가 엘리사가 있는 도단성을 포위합니다. 그 현실 앞에 사환은 두려워하는데 엘리사는 전혀 두려워하지 않습니다.

그 차이가 무엇입니까? 한 사람은 보이는 현실만 보았고 엘리사는 현실 뒤에 있는 영의 세계를 보았기 때문입니다. 보이는 것이 다가 아닙니다. 보이지 않는 영의 세계가 있습니다.

고후4:18 우리가 주목하는 것은 보이는 것이 아니요 보이지 않는 것이니 보이는 것은 잠깐이요 보이지 않는 것은 영원함이라

그리스도인은 보이는 것에 주목하는 자가 아니라 보이지 않는 세계에 주목하는 자입니다. 믿음의 눈으로 현실을 보십시오. 보이는 현실 속에서 역사하시는 하나님의 사랑의 손길을 보게 될 것입니다.

당신은 영의 눈을 가진 자입니다.

오직 예수!!

12월 15일

(요한일서 4장)
20 누구든지 하나님을 사랑하노라 하고 그 형제를 미워하면 이는 거짓말하는 자니 보는바 그 형제를 사랑하지 아니하는 자는 보지 못하는바 하나님을 사랑할 수 없느니라

그리스도인들은 사랑의 피조물입니다. 하나님이 사랑이듯이 우리도 사랑입니다. 그러므로 우리의 모든 말과 행동의 동기는 사랑이어야 합니다.

보이지 않는 하나님을 사랑하십니까? 그렇다면 보이는 사람을 사랑하십시오. 당신의 부모와 형제가 보이는 하나님임을 기억하십시오. 부모를 사랑하고 형제를 사랑하는 것은 곧 하나님을 사랑하는 것과 같습니다.

마25:40 임금이 대답하여 이르시되 내가 진실로 너희에게 이르노니 너희가 여기 내 형제 중에 지극히 작은 자 하나에게 한 것이 곧 내게 한 것이니라 하시고

믿음의 가족들을 예수님 대하듯 하십시오. 하나님이 큰 상을 주실 것입니다. 당신은 사랑입니다.

오직 예수!!

12월 16일

(시편 73편)
25 하늘에서는 주 외에 누가 내게 있으리요 땅에서는 주밖에 내가 사모할 이 없나이다

시인은 하늘과 땅에 하나님만이 자신의 사모할 자라고 고백합니다. 물론 처음부터 이렇게 고백한 것이 아닙니다. 의롭게 사는데도 자신보다 악인들이 형통한 것을 보고 시험에 들기도 합니다.

그러나 그는 성소에서 하나님을 묵상하며 하나님의 마음과 뜻을 알게 되자 이렇게 고백한 것입니다. 당신도 살다 보면 이해되지 않는 일들이 일어날 수 있습니다. 그렇더라도 불평하지 말고 잠잠히 하나님을 바라보십시오.

시62:1 나의 영혼이 잠잠히 하나님만 바람이여 나의 구원이 그에게서 나오는도다

당신도 시인처럼 하나님의 마음과 뜻을 알고 고백하게 될 것입니다. 하나님이 전부이십니다.

오직 예수!!

12월 17일

(잠언 16장)
32 노하기를 더디하는 자는 용사보다 낫고 자기의 마음을 다스리는 자는 성을 빼앗는 자보다 나으니라

분노의 감정을 다스리십시오. 분노 때문에 온갖 다툼과 죄악이 일어납니다. 분노에 지배되는 것은 자기 인생을 망치는 길입니다. 분노를 이기려면 어떻게 해야 할까요?

영이요 생명이신 말씀을 날마다 드십시오.

(야고보서 1장)
20 사람이 성내는 것이 하나님의 의를 이루지 못함이라

위의 말씀이 당신의 마음과 생각을 지배하도록 드십시오. 분노를 이기는 자가 될 것입니다.

말씀은 실패하지 않습니다.

당신은 주님의 마음을 가진 자입니다.

오직 예수!!

12월 18일

(요한복음 10장)
10 도둑이 오는 것은 도둑질하고 죽이고 멸망시키려는 것뿐이요 내가 온 것은 양으로 생명을 얻게 하고 더 풍성히 얻게 하려는 것이라

우리는 하나님의 생명으로 사는 자들입니다. 하나님의 생명의 특징은 사랑과 감사입니다. 반대로 사단의 특징은 미움과 불평입니다.

사단의 목표는 공동체를 파괴하고 인간관계를 깨뜨리는 것입니다. 그러므로 당신의 마음과 생각을 잘 지키십시오.
많은 사람들이 사단이 넣어 준 미움과 불평의 감정에 속아 자신의 인생을 망치고 있습니다.
내 감정이 내가 아님을 기억하십시오. 특히 부정적인 감정은 사단이 넣어 주는 것입니다.

요13:2 마귀가 벌써 시몬의 아들 가룟 유다의 마음에 예수를 팔려는 생각을 넣었더라

하나님의 생명으로 사는 자들은 불평과 불만이라는 감정에 사기를 당하지 않습니다. 우리는 사랑이기 때문입니다.

오직 예수!!

12월 19일

(요한복음 14장)
27 평안을 너희에게 끼치노니 곧 나의 평안을 너희에게 주노라 내가
너희에게 주는 것은 세상이 주는 것과 같지 아니하니라 너희는 마음에
근심하지도 말고 두려워하지도 말라

세상은 여전히 마귀가 역사하기에 문제와 고통들이 존재합니다.
이런 세상에서 참된 평안을 누리는 길은 어디에 있을까요? 모든 문제의
해답은 예수 그리스도이십니다.

예수님 안에 평안이 있습니다.
예수님 안에 행복이 있습니다.

예수님 안으로 더 깊이 들어가십시오. 주님의 평안이 당신의 마음을 지
배하게 될 것입니다.

골3:15 그리스도의 평강이 너희 마음을 주장하게 하라 너희는 평강을
위하여 한 몸으로 부르심을 받았나니 너희는 또한 감사하는 자가 되라

그 결과 당신 안에서 근심과 두려움이 달아날 것입니다.
당신은 주님의 평안을 가진 자입니다.

오직 예수!!

12월 20일

(잠언 19장)
23 여호와를 경외하는 것은 사람으로 생명에 이르게 하는 것이라 경외하는 자는 족하게 지내고 재앙을 당하지 아니하느니라

하나님을 경외하는 자가 되십시오. 당신은 부족함이 없는 인생을 살게 될 것입니다.

시34:9 너희 성도들아 여호와를 경외하라 그를 경외하는 자에게는 부족함이 없도다

어떻게 하면 하나님을 경외하는 자가 될 수 있을까요?
하나님 앞에 잠잠히 머물며 그분에게 집중하십시오.

시34:11 너희 자녀들아 와서 내 말을 들으라 내가 여호와를 경외하는 법을 너희에게 가르치리로다

성령님께서 당신에게 하나님을 경외하는 법을 가르치시고 또 그렇게 살아가도록 도와주실 것입니다.

당신은 부족함이 없는 자입니다.

오직 예수!!

12월 21일

(마태복음 1장)
21 아들을 낳으리니 이름을 예수라 하라 이는 그가 자기 백성을 그들의 죄에서 구원할 자이심이라 하니라

예수 그리스도!!
얼마나 아름답고 위대한 이름입니까~~
예수 그리스도는 우리의 영원한 구원자입니다.

그래서 누구든지 주의 이름을 부르는 자는 구원을 받게 됩니다.

롬10:13 누구든지 주의 이름을 부르는 자는 구원을 받으리라

당신의 삶에 해결 받아야 문제가 있습니까?
주의 이름을 부르십시오.

주 예수님! 주 예수님! 주 예수님!

당신의 문제가 무엇이든 하나님의 구원의 손길을 경험하게 될 것입니다.
당신은 예수 이름의 권세를 가진 자입니다.

오직 예수!!

12월 22일

(마태복음 1장)

23 보라 처녀가 잉태하여 아들을 낳을 것이요 그의 이름은 임마누엘이라 하리라 하셨으니 이를 번역한즉 하나님이 우리와 함께 계시다 함이라

하나님이 이 땅에 오신 이유는 우리와 함께하시기 위함입니다.
임마누엘이라는 이름에서 우리는 그것을 알게 됩니다.

'하나님이 함께하시는 인생'

이것보다 더 좋은 삶의 행복이 어디 있습니까?

당신과 함께하시는 하나님을 항상 의식하며 살아가십시오.
당신은 흔들림이 없는 인생을 살게 될 것입니다.

시16:8 내가 여호와를 항상 내 앞에 모심이여 그가 나의 오른쪽에 계시므로 내가 흔들리지 아니하리로다

당신은 임마누엘의 복을 가진 자입니다.

오직 예수!!

12월 23일

(마태복음 5장)
14 너희는 세상의 빛이라 산 위에 있는 동네가 숨겨지지 못할 것이요

우리는 세상의 빛입니다.
어떤 그리스도인들은 세상을 떠나 자신들만의 공동체를 만들고 살았습니다. 그러나 성경은 우리에게 세상에 살면서 빛의 삶을 살라 말씀하고 계십니다.

하나님과의 개인적인 만남을 위해 홀로 있는 시간이 필요합니다. 그러나 그 시간이 좋다고 거기에 계속 앉아 있으면 안 됩니다. 일어나 당신이 만나는 사람들에게 빛을 발하십시오.
당신의 선한 행동을 통해 하늘 아버지께서 영광을 받으실 것입니다.

마5:16 이같이 너희 빛이 사람 앞에 비치게 하여 그들로 너희 착한 행실을 보고 하늘에 계신 너희 아버지께 영광을 돌리게 하라

당신을 통해 하나님의 생명이 나타나게 될 것입니다.
당신은 세상의 빛입니다.

오직 예수!!

384

12월 24일

(누가복음 2장)
10 천사가 이르되 무서워하지 말라 보라 내가 온 백성에게 미칠 큰 기쁨의 좋은 소식을 너희에게 전하노라

복음은 능력입니다. "큰 기쁨의 좋은 소식"이라는 표현을 주목하십시오. 무슨 소식이기에 이렇게 표현한 것입니까?

바로 하나님이 인간이 되어 이 땅에 오셨다는 소식입니다. 하나님이 인생들을 사랑하셔서 인간의 모든 문제(죄와 질병, 저주와 가난)를 해결해 주시고 우리와 함께 사시기 위하여 오신 것입니다. 이 복된 소식이 당신의 것이 되게 하십시오. 당신 안에 세상이 알지 못하는 큰 기쁨의 은혜가 넘치게 될 것입니다. 당신은 어떤 문제를 만나든 예수님 안에서 넉넉히 이기는 자가 될 것입니다.

롬8:37 그러나 이 모든 일에 우리를 사랑하시는 이로 말미암아 우리가 넉넉히 이기느니라

당신은 복음을 가진 자입니다.

오직 예수!!

12월 25일

(이사야 7장)
14 그러므로 주께서 친히 징조를 너희에게 주실 것이라 보라 처녀가 잉태하여 아들을 낳을 것이요 그의 이름을 임마누엘이라 하리라

예수님은 하나님께서 우리 인생들에게 주신 최고의 선물입니다. 그분이 우리와 함께 살러 오셨기 때문입니다. 그래서 예수님의 또 다른 이름이 임마누엘입니다. 우리가 받은 복 중에 최고의 복은 바로 임마누엘의 복입니다. 당신이 이 복을 받았다면 더 이상 다른 것들에 마음을 빼앗기지 마십시오. 주님 안에 우리가 원하는 모든 것이 있기 때문입니다.

골2:3 그 안에는 지혜와 지식의 모든 보화가 감추어져 있느니라

예수님 한 분이면 충분하다는 고백이 될 때까지 그분에게 집중하십시오. 당신은 예수님 안에 있는 모든 것들을 누리는 자가 될 것입니다.

메리 크리스마스!

오직 예수!!

12월 26일

(사무엘상 7장)
12 사무엘이 돌을 취하여 미스바와 센 사이에 세워 이르되 여호와께서 여기까지 우리를 도우셨다 하고 그 이름을 에벤에셀이라 하니라

에벤에셀의 하나님을 찬양합니다.

인생을 살다 보면 이해되지 않는 일들이 일어날 수 있습니다.
이때에도 낙심하지 말 것은 우리에게는 믿는 구석이 있기 때문입니다.
하나님께서 바로 우리의 도움이십니다.

삼상7:9 사무엘이 젖 먹는 어린양 하나를 가져다가 온전한 번제를 여호와께 드리고 이스라엘을 위하여 여호와께 부르짖으매 여호와께서 응답하셨더라

에벤에셀의 하나님께 예배하고 기도하십시오. 어떤 문제든 주님은 도우실 수 있습니다. 힘들수록 더 예배하고 더 기도하십시오.

당신의 삶에도 간증이 있게 될 것입니다.
당신에게는 에벤에셀의 하나님이 계십니다.

오직 예수!!

12월 27일

(히브리서 4장)
16 그러므로 우리는 긍휼하심을 받고 때를 따라 돕는 은혜를 얻기 위하여 은혜의 보좌 앞에 담대히 나아갈 것이니라

하나님은 우리를 사랑하십니다.

그런데 많은 사람들이 정죄감과 죄의식 때문에 하나님과의 친밀한 관계를 누리지 못하고 있습니다. 우리의 양심은 죄를 기억하고 거기에 사로잡혀 있기 때문입니다. 그러나 예수님께서 당신의 피로 영원히 속죄를 이루어 주셨습니다. 그러므로 더 이상 정죄감과 죄의식에 빠져 살지 마십시오.

롬8:1 그러므로 이제 그리스도 예수 안에 있는 자에게는 결코 정죄함이 없나니

하나님은 우리를 정죄하지 않습니다. 당신이 하나님의 은혜의 보좌에 예수님과 함께 앉아 있음을 믿으십시오. 당신이 매일 주님의 보좌 앞에 나아가 그분의 은혜로 채워진다면 당신은 때를 따라 돕는 하나님의 은혜 아래서 승리의 삶을 살게 될 것입니다.

오직 예수!!

12월 28일

(에베소서 5장)
15 그런즉 너희가 어떻게 행할지를 자세히 주의하여 지혜 없는 자같이 하지 말고 오직 지혜 있는 자같이 하여

한 번뿐인 인생이기에 우리의 인생을 일생이라 부릅니다.

한 해가 저물어 가고 있습니다. 올해도 지혜로운 인생을 사셨습니까? 어떻게 사는 것이 지혜로운 인생을 사는 것입니까? 하나님의 마음을 알고 그분과 동행하며 사는 것입니다. 그러므로 하나님과의 친밀함에 집중하십시오.

주님과 친밀해지면 당신은 하나님의 마음을 알게 되고 그래서 세월을 아끼고 그분의 뜻을 이루는 삶을 살게 될 것입니다.

딤후4:7 나는 선한 싸움을 싸우고 나의 달려갈 길을 마치고 믿음을 지켰으니

당신도 바울처럼 고백하게 될 것입니다.

당신은 하나님의 지혜를 가진 자입니다.

오직 예수!!

12월 29일

(요한계시록 14장)
13 또 내가 들으니 하늘에서 음성이 나서 이르되 기록하라 지금 이후로 주 안에서 죽는 자들은 복이 있도다 하시매 성령이 이르시되 그러하다 그들이 수고를 그치고 쉬리니 이는 그들의 행한 일이 따름이라 하시더라

사람은 누구나 인생의 마지막을 맞게 되어 있습니다. 중요한 것은 그것이 주 안에서 이루어지느냐 하는 것입니다.

주 안에서 죽는 자가 왜 복이 있습니까?

그것은 이 땅의 수고와 고통이 끝나고 주님 품 안에서 영원한 안식의 시간을 갖기 때문입니다. 그러나 주 밖에서 죽는 자들은 수고가 끝나는 것이 아니라 더 큰 고통의 시간을 영원히 갖게 됩니다. 당신이 예수님을 믿고 주 안에서 살고 있다면 죽음을 두려워하지 마십시오.

히2:15 또 죽기를 무서워하므로 한평생 매여 종노릇하는 모든 자들을 놓아주려 하심이니

당신은 사망 권세를 이긴 주님의 생명을 가진 자입니다.

오직 예수!!

12월 30일

(고린도전서 15장)

10 그러나 내가 나 된 것은 하나님의 은혜로 된 것이니 내게 주신 그의 은혜가 헛되지 아니하여 내가 모든 사도보다 더 많이 수고하였으나 내가 한 것이 아니요 오직 나와 함께하신 하나님의 은혜로라

바울을 바울 되게 하신 것은 전적인 하나님의 은혜입니다.
그는 죽도록 충성하다가 주님을 위해 순교의 자리까지 갔습니다. 그런 그가 자신의 모든 수고가 자신과 함께하신 하나님의 은혜라고 고백하고 있습니다. 그렇습니다. 우리의 모든 것이 다 주님이 함께하신 은혜입니다. 이것을 깨닫고 사는 자가 그리스도인입니다. 모든 것이 다 주님의 은혜임을 깨닫는 자가 할 일은 그저 감사요 찬송뿐입니다.

행20:32 지금 내가 여러분을 주와 및 그 은혜의 말씀에 부탁하노니 그 말씀이 여러분을 능히 든든히 세우사 거룩하게 하심을 입은 모든 자 가운데 기업이 있게 하시리라

당신의 인생길을 하나님의 은혜에 맡기십시오.
삶 속에서 날마다 하나님의 은혜의 손길을 경험하게 될 것입니다. 당신은 하나님의 은혜 아래 있는 자입니다.

오직 예수!!

12월 31일

(베드로전서 4장)
7 만물의 마지막이 가까이 왔으니 그러므로 너희는 정신을 차리고 근신하여 기도하라

한 해를 마무리하며 다가오는 새해에 우리가 집중해야 할 것이 무엇인지를 본문은 가르쳐 주고 있습니다.

그것은 바로 기도입니다. 기도가 왜 그리 중요합니까?
네, 기도는 하나님과의 친밀한 동행에 있어서 필수이기 때문입니다. 기도를 낭비라고 생각하는 사람들이 있습니다.
기도를 하지 않음으로 세월을 낭비하는 것은 진짜 낭비이지만 기도로 시간을 보내는 것은 하나님의 뜻 안에서 살아가는 거룩한 낭비요 최고로 잘 보내는 시간입니다.

골4:2 기도를 계속하고 기도에 감사함으로 깨어 있으라

하나님과의 친밀한 교제로 인생길을 걸어가십시오.
당신은 언제나 하나님과 동행하며 나아가 하나님의 귀한 동역자로 쓰임받게 될 것입니다.
당신은 기도의 특권을 가진 자입니다.

오직 예수!!